NEALE DONALD WALSCH
GESPRÄCHE MIT GOTT – DER COMIC
Ein ungewöhnlicher Dialog

Für
Anne W. Walsch und Alex M. Walsch

Zeichnungen: Franz-Josef Wiewel

1 Ein Diktat   3
2 Ich habe mein ganzes Leben lang nach Gott gesucht   23
3 Eine Liste   27
4 Du inspirierst mich   32
5 Was ist der wahre Weg zu Gott?   34
6 Ist Leiden der Weg zu Gott?   37
7 Warum ist das Leben so furchterregend?   38
8 Wie kann ich in einer Beziehung glücklich werden?   41
9 Hast du nicht das Gefühl, schon mal hiergewesen zu sein?   49
10 Ich liebe dich   51
11 Warum habe ich nie genügend Geld?   52
12 Warum kann ich nicht das tun, was ich liebe?   54
13 Wie kann ich meine gesundheitlichen Probleme lösen?   58
14 Was noch zu klären war   62

© 2010 Neale Donald Walsch (Text) & Franz-Josef Wiewel (Artwork)

Neale Donald Walsch: Gespräche mit Gott – Der Comic
© J. Kamphausen Verlag & Distribution GmbH, Bielefeld 2010
info@j-kamphausen.de
www.weltinnenraum.de

Lektorat: Adele Gerdes
Illustration / Buch-Design: Franz-Josef Wiewel
Herstellung: KleiDesign
Druck & Verarbeitung: Westermann Druck Zwickau

1. Auflage 2010

Bibliografische Information der Deutschen Nationalbibliothek
Die Deutsche Nationalbibliothek verzeichnet diese Publikation in der Deutschen Nationalbibliografie; detaillierte bibliografische Daten sind im Internet über http://dnb.d-nb.de abrufbar.

ISBN 978-3-89901-264-4

Dieses Buch wurde auf 100% Altpapier gedruckt und ist alterungsbeständig. Weitere Informationen hierzu finden Sie unter www.weltinnenraum.de

Alle Rechte der Verbreitung, auch durch Funk, Fernsehen und sonstige Kommunikationsmittel, fotomechanische oder vertonte Wiedergabe sowie des auszugsweisen Nachdrucks vorbehalten.

„Die hier verwendeten Texte basieren auf der Übersetzung von Frau Susanne Kahn-Ackermann, mit freundlicher Genehmigung des Verlages Goldmann Arkana"

Im Frühjahr 1992 ereignete sich in meinem Leben ein außergewöhnliches Phänomen. **Gott begann, mit Ihnen zu sprechen - und zwar durch meine Person.**
Ich war zu dieser Zeit sehr unglücklich. Seit Jahren hatte ich die Angewohnheit, meine Gedanken in Form von Briefen zu Papier zu bringen. Diesmal gedachte ich jedoch, meinen Brief direkt an den größten Schikanierer zu schicken. Ich beschloss, einen Brief an Gott zu schreiben. **Mit einer Menge zorniger Fragen.**

> WARUM FUNKTIONIERT MEIN LEBEN NICHT?
>
> Was habe ich getan, dass ich in meinem Leben ständig derart zu kämpfen habe?

Als ich den Stift schon beiseite legen wollte, hörte ich plötzlich eine Stimme, wie aus "heiterem Himmel". Was ich hörte war die Frage...

Erstaunt schrieb ich: **Beides**. Klar, ich lasse Dampf ab, aber wenn es Antworten auf diese Fragen gibt, dann will ich sie, so gewiss, wie es eine **Hölle** gibt, hören.

Und noch bevor ich begriff, wie mir geschah, war die Stimme in meinem Kopf, und ich hatte eine Unterhaltung begonnen, wobei ich eigentlich nicht von mir aus schrieb, **sondern ein Diktat aufnahm**.

Willst du wirklich eine Antwort, oder nur Dampf ablassen-

Du bist dir einer Menge Dinge "so gewiss wie der Hölle". Aber wäre es nicht nett, "so gewiss wie des **Himmels**" zu sein?

Dieses Diktat dauerte drei Jahre...

Beginnen wir diesen Dialog mit einer Frage, die sicher die meisten von uns beschäftigt, denn dieses Gespräch ist für Sie und uns alle gedacht: **Wie redet Gott, und mit wem?**

> ICH REDE MIT JEDERMANN. IMMER.
>
> ABER NUR WENIGE HÖREN MIR ZU

ICH kommuniziere mit den Menschen nicht nur durch die **Sprache**, die oft missverständlich ist. Meine üblichen Kommunikationsformen sind das **Gefühl** und die **Gedanken**. Denn Worte sind nichts weiter als Äußerungen: Geräusche, die für Gefühle, Gedanken und Erfahrungen stehen.

> Das nobelste Gefühl ist jenes, das ihr Liebe nennt.

Ein großartiges Kommunikationsmittel ist die Erfahrung.

Leider messt ihr dem Wort Gottes so viel und der Erfahrung so wenig Bedeutung zu!

Ihr werdet meine Botschaft bekommen - früher oder später. Ich werde euch nicht drängen. Ich werde euch niemals zu etwas zwingen. Ich werde euch immer wieder die gleichen Botschaften senden, über die Jahrtausende hinweg und in jede Ecke des Universums, die ihr vielleicht bewohnt.
In der Vergangenheit habt nur ihr zu mir gesprochen, zu mir gebetet. Doch nun werde ich den Dialog aufnehmen, so wie in diesem Fall.

Wie kann ich wissen, dass diese Mitteilung eine göttliche ist?
Du kannst meine Botschaften von anderen Quellen unterscheiden, durch Beachten einer Grundregel:

Von mir kommt dein erhabenster Gedanke, dein klarstes Wort, dein edelstes Gefühl. Alles, was weniger ist, entstammt einer anderen Quelle.

Ich kann dir meine Wahrheit nicht verkünden, solange du nicht aufhörst, mir deine zu verkünden.

Aber meine Wahrheit über Gott kommt von **dir**.

WER HAT DAS gesagt?

Andere

WELCHE ANDEREN?

Führer, Geistliche, Rabbis, Priester, Bücher. Die Bibel, Himmel noch mal!

DAS SIND KEINE maßgeblichen Quellen.

Das sind sie **nicht**?

NEIN.

Ich möchte dir so vieles sagen, dich so vieles fragen. Zum Beispiel, warum offenbarst du dich nicht in einer Form, die uns allen begreifbar ist?

DAS HABE ICH getan. Und ich tue es jetzt gerade wieder.

Nein. Ich meine, in unwiderlegbarer Form.
WIE ZUM BEISPIEL?

Zum Beispiel, dass du jetzt vor meinen Augen erscheinst.
DAS TUE ICH.

Wo?
WO IMMER DU auch hinschaust.

Warum erscheinst du nicht in der Form, die du tatsächlich hast?
DAS WÄRE UNMÖGLICH, denn ich habe keine Form oder Gestalt in diesem Sinne. Und wenn ich in der einen oder anderen bestimmten Form erscheine, wird mir diese **Form in alle Ewigkeit zugeschrieben**. Und sollte ich irgendwelchen Menschen in einer anderen Form erscheinen, so behauptet die erste Gruppe, ich sei der zweiten nicht erschienen, weil ich für sie ganz anders aussäh - also könne ich es nicht gewesen sein.

Du siehst, gleich welche Form ich annehme, keine wird unstrittig sein.

Aber wenn du etwas tätest, das über jeden Zweifel erhaben wäre...

Wenn ich mich als Gott der Allmächtige offenbarte und Berge versetzte, dann träten jene auf, die sagen:

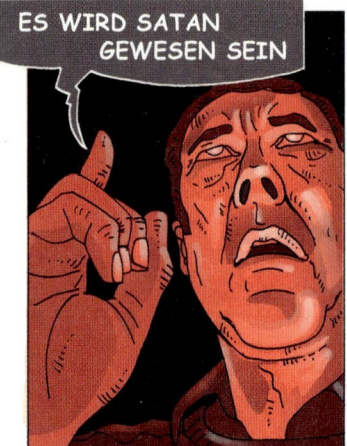

ES WIRD SATAN GEWESEN SEIN

Du wirst die Erfahrung machen, dass **sich Gott jetzt nicht offenbart**, denn wenn Gott für dich **existierte**, würdest du ihn nicht **bitten** zu sein.

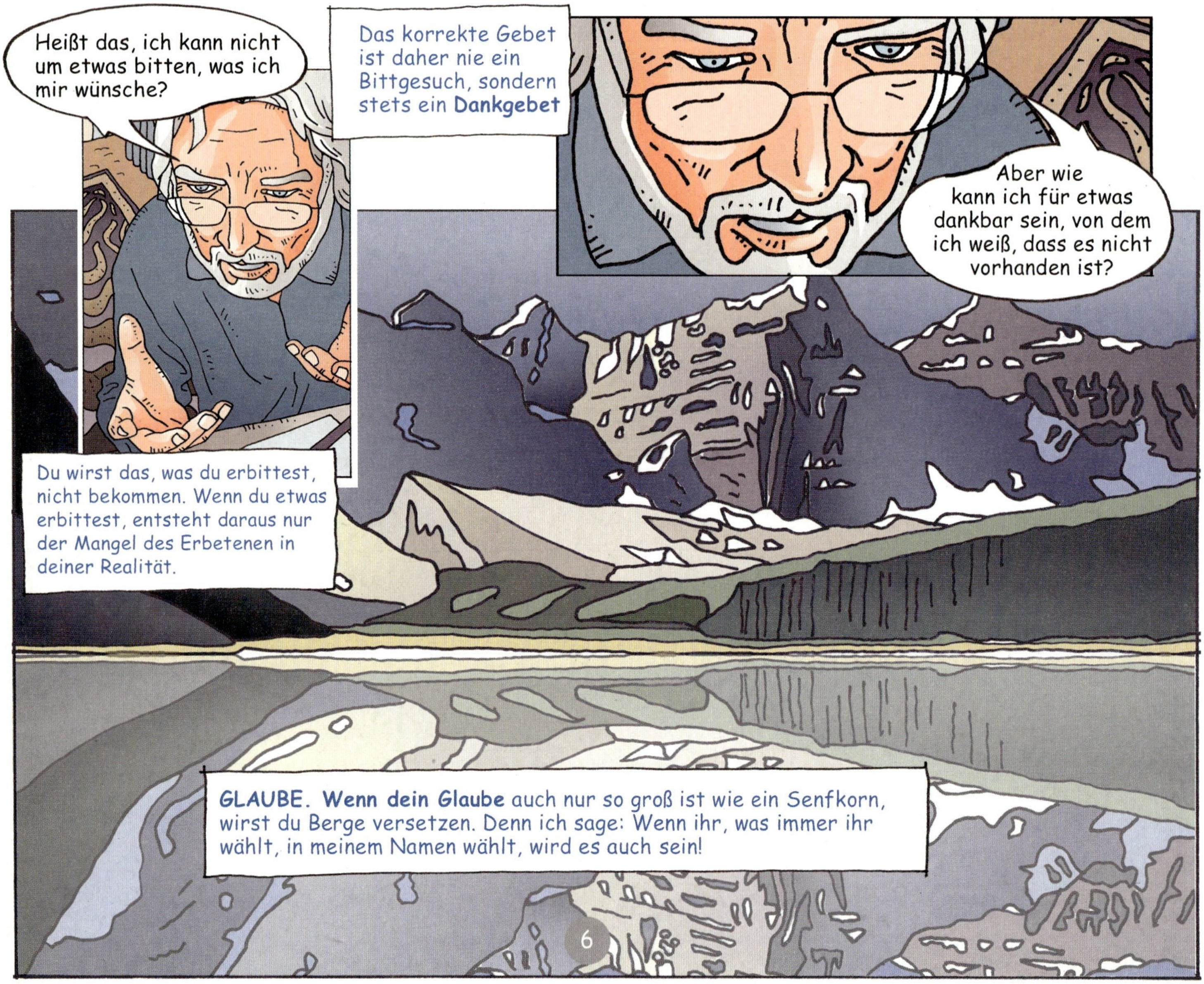

Heißt das, ich kann nicht um etwas bitten, was ich mir wünsche?

Das korrekte Gebet ist daher nie ein Bittgesuch, sondern stets ein **Dankgebet**

Aber wie kann ich für etwas dankbar sein, von dem ich weiß, dass es nicht vorhanden ist?

Du wirst das, was du erbittest, nicht bekommen. Wenn du etwas erbittest, entsteht daraus nur der Mangel des Erbetenen in deiner Realität.

GLAUBE. Wenn dein Glaube auch nur so groß ist wie ein Senfkorn, wirst du Berge versetzen. Denn ich sage: Wenn ihr, was immer ihr wählt, in meinem Namen wählt, wird es auch sein!

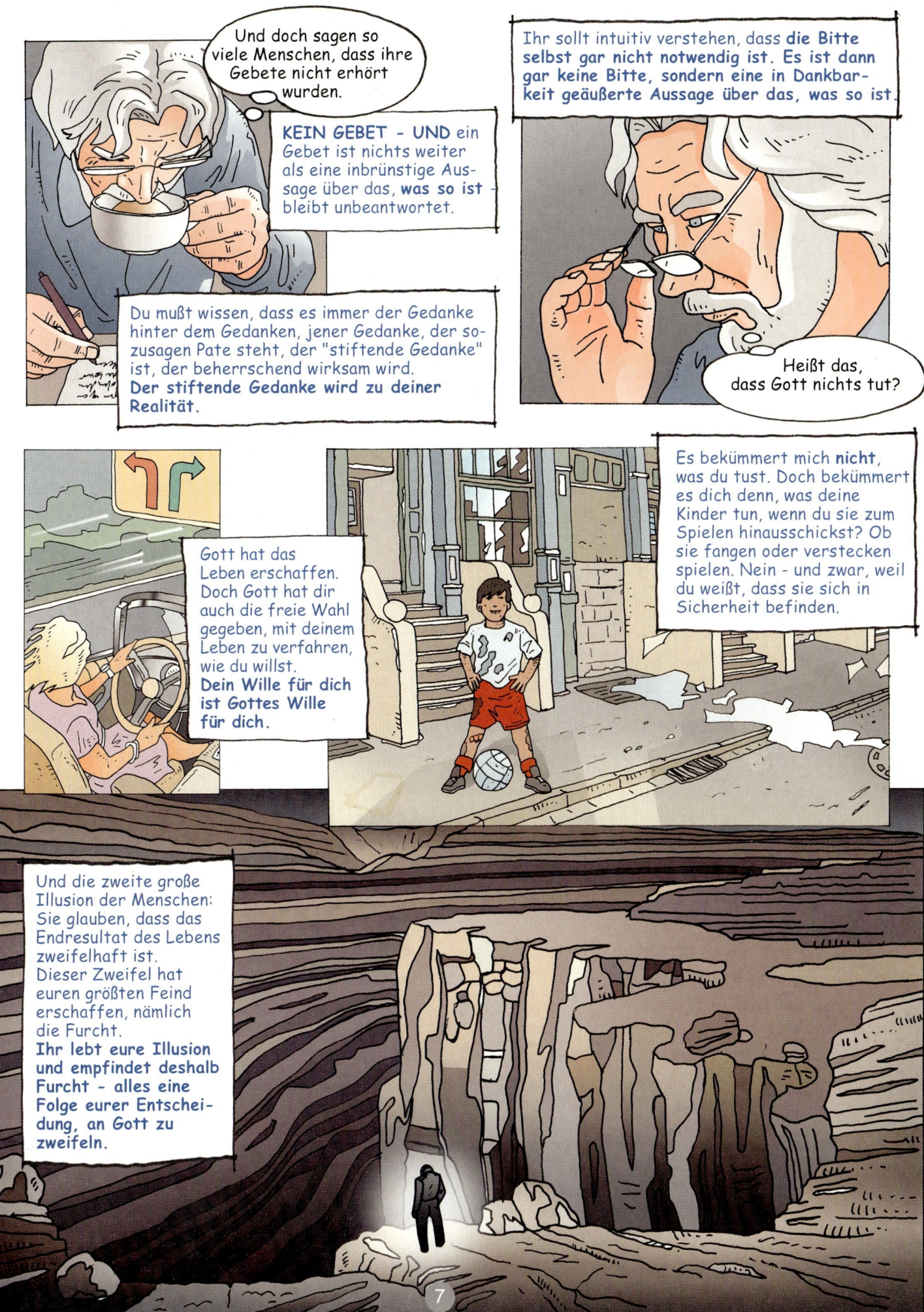

Denn es liegt in der Natur der Menschen, das, was sie am meisten wertschätzen, erst zu lieben, dann zu zerstören und dann wieder zu lieben.

Doch was, wenn ihr eine neue Entscheidung treffen würdet. Ihr würdet leben wie die Heiligen. Doch die Leute würden euch nicht verstehen, denn selbst der Tod würde eurer Freude keinen Abbruch tun. Da wäre ihr Neid und Zorn gewaltig und sie würden euch ganz sicher töten.

Aber warum **verhalten** wir uns so?

Alle menschlichen Handlungen gründen sich auf zwei Emotionen: auf Angst oder auf Liebe. Ständig schwingt das Pendel zwischen beiden Emotionen hin und her. Warum? Weil ihr der Lüge glaubt, dass auf Gottes Liebe kein Verlass ist.

Doch wenn ihr wüßtet, wer ihr seid – dass ihr die herrlichsten Kreaturen seid, die je von Gott erschaffen wurden, – würdet ihr euch niemals ängstigen.

Ich liebe dich!

ICH???

Und nachdem ihr das gesagt habt, ist eure erste Sorge, ob die Liebe auch erwidert wird. **Und so verfahrt ihr auch mit Gottes Liebe.**

Und woher habt ihr die Vorstellung, dass ihr viel weniger großartig seid, als ihr seid?

Von den einzigen Menschen, deren Wort alles für euch ist: **von eurer Mutter und von eurem Vater.**

Eure Eltern waren es, die euch lehrten, dass Liebe ihre Bedingungen hat.

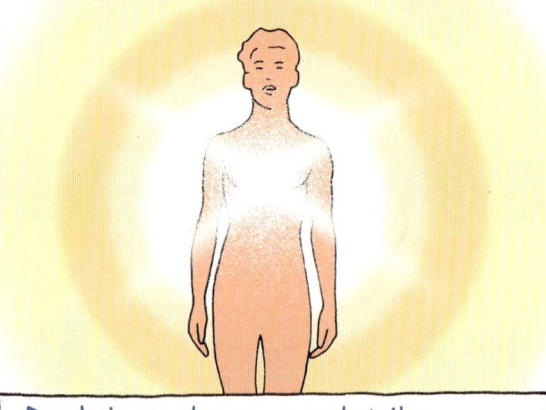

Doch irgendwann werdet ihr euren Irrtum erkennen, und der Moment unserer Wiederversöhnung wird kommen.

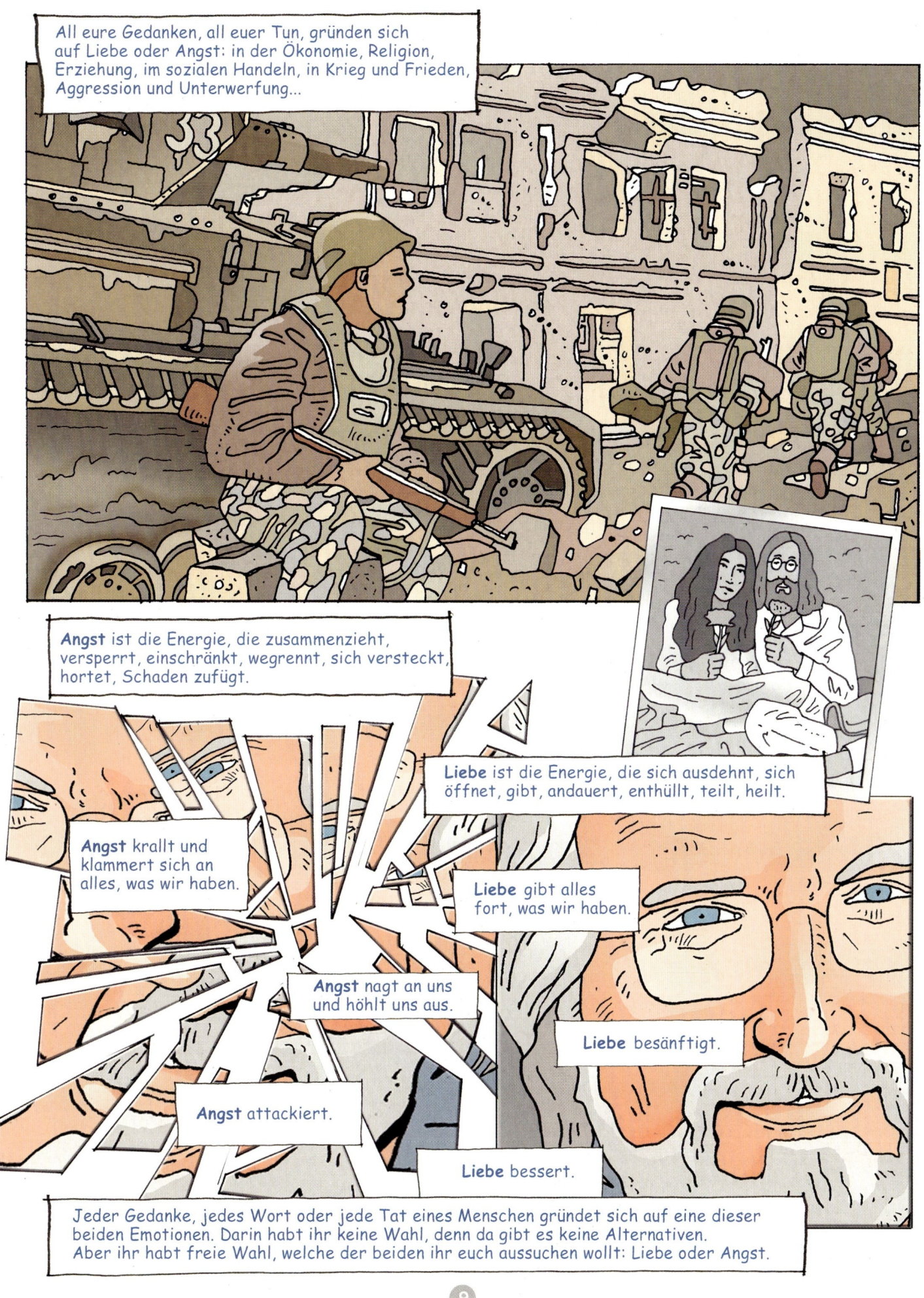

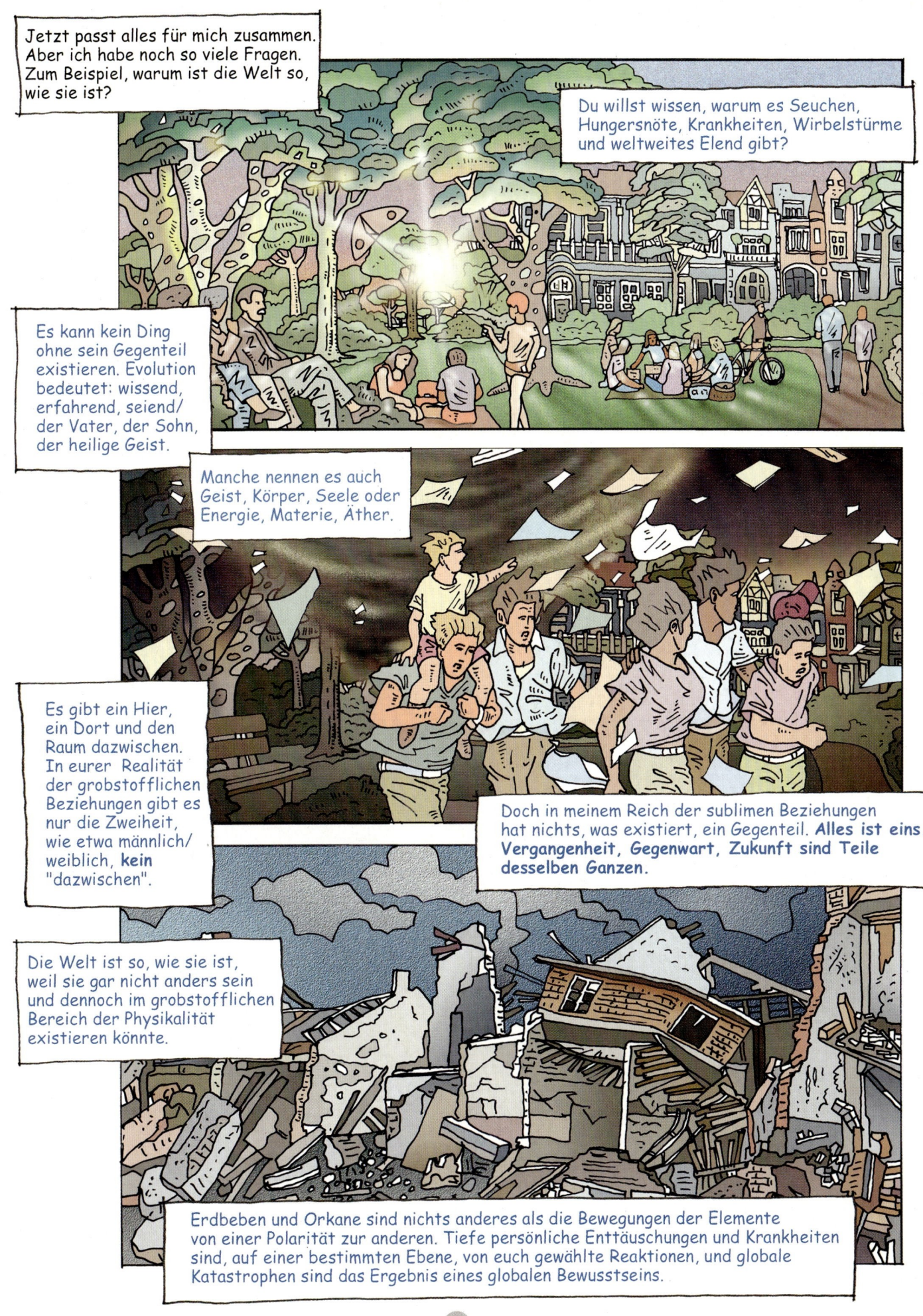

Doch diese Dinge gelangen nicht durch meinen Willen zum Sein.
Und ich verhindere sie nicht, damit ich nicht eurem Willen entgegenarbeite,
euch nicht der Gotteserfahrung beraube.

Vieleicht hilft dir zum Verständnis diese kleine Geschichte.
Es war einmal eine kleine Seele, die sich als Licht erkannte. Doch ihr fehlte die
Erfahrung von sich selbst, denn in ihrem Reich gab es nichts **außer** Licht.

Und so war diese kleine Seele eine Kerzenflamme in der Sonne.
Inmitten dieses grandiosen Lichts all dieser herrlichen Seelen konnte sie sich
selbst nicht sehen oder erfahren, wer sie wirklich ist.

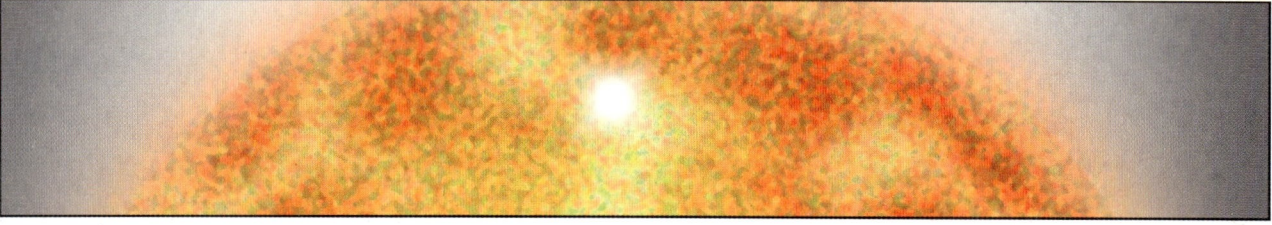

Nun geschah es, dass diese Seele sich danach sehnte, sich selbst
kennenzulernen. Deshalb sagte ich: "Um dich selbst zu erkennen, musst du dich vom Rest
von uns trennen, und dann musst du für dich die Finsternis herbeibeschwören."

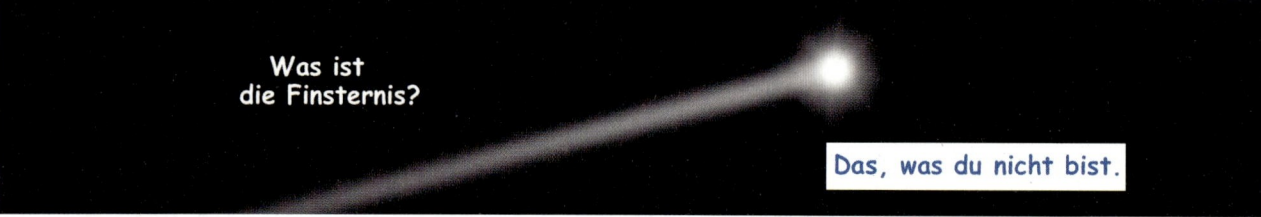

Sie machte sich auf in ein anderes Reich und hatte dort die
Macht, sämtliche Formen von Finsternis in ihre Erfahrung zu rufen.
Doch inmitten all der Finsternis rief sie aus:

So, wie ihr das auch in euren dunkelsten Zeiten getan habt.
Doch ich habe euch nie verlassen, sondern euch immer zur Seite gestanden,
bereit, euch daran zu erinnern, wer ihr wirklich seid, immer bereit,
euch nach Hause zu rufen.

Seid deshalb der Finsternis ein Licht und verflucht sie nicht.

Meinst du damit, dass ich kein schlechtes Gefühl wegen der verhungernden Kinder in Afrika oder der Ungerechtigkeit in unserem Land haben sollte?

In der Welt Gottes gibt es kein "du solltest" oder "du solltest nicht". Wenn du dich schlecht fühlen willst, dann fühl dich schlecht. **Aber richte nicht und verdamme nicht, denn du weißt nicht, warum etwas geschieht.** Trachte vielmehr danach, jene Dinge zu verändern, die dich nicht erkennen lassen, wer du wirklich bist.

In Gottes Welt gibt es kein "du sollst" und "du sollst nicht"?

Das ist richtig.

Wo ist es dann?

In deiner Einbildung.

Aber alle, die mich belehrt haben, sagen mir, diese Regeln seien von dir festgesetzt worden - von Gott.

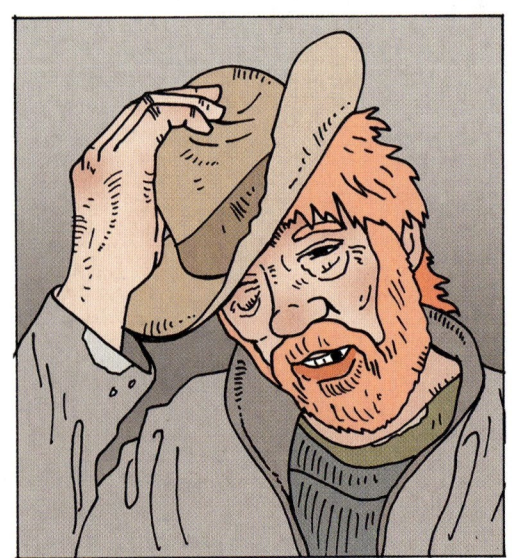

Verbote bedeuten Einschränkung. Und eine solche Einschränkung hieße, euch die Gelegenheit zu verweigern, die Wahrheit über euch zu erfahren.

Da gibt es die, die sagen, dass ich euch einen freien Willen gegeben habe, doch dieselben Leute behaupten, dass ich euch zur **Hölle** schicke, wenn ihr mir nicht gehorcht. Was für eine Art freier Wille ist das? Eine wahrhaftige Beziehung könnte es so zwischen uns nicht geben.

Gibt es eine Hölle?
Es gibt eine Hölle, aber sie ist anders als ihr denkt.
Was ist die Hölle?
Sie ist die Erfahrung des schlimmstmöglichen Resultats eurer gewählten Optionen, Entscheidungen und Schöpfungen, und für eure Seele gibt es kein schlimmeres Szenario.

Aber es gibt keinen Ort, an dem ihr einem ewigen Feuer ausgesetzt seid und in einem Zustand immerwährender Qualen dahinsiecht. Was sollte ich damit bezwecken? **Eine solche Erfahrung nach dem Tod gibt es nicht.**

Aber es gibt die Erfahrung der Seele, die so viel weniger als ganz, so getrennt von Gottes größter Freude ist, dass es sich für sie wie die Hölle anfühlt.

Diese Erfahrung bewirkt ihr selbst, wann immer ihr ablehnt, wer und was ihr wirklich seid. Doch selbst dieser Zustand ist nicht von ewiger Dauer, weil ich niemals leugnen werde, wer ihr wirklich seid.

Bedeutet das, ich kann tun, was ich will, ohne Angst vor Vergeltung?

Brauchst du die Angst, um "gut zu sein"?
Und was heißt "gut sein"? Wer setzt dafür die Regeln fest?
Du bist der Einzige, der entscheidet.

Aber bei jeder Tat musst du dir der Konsequenzen bewusst sein.
Konsequenzen sind nichts weiter als Resultate, natürliche Ergebnisse.
Sie ergeben sich aus der natürlichen Anwendung der Naturgesetze.
Alles physische Leben funktioniert in Übereinstimmung mit Naturgesetzen. Wenn ihr euch erst einmal an diese Gesetze erinnert und sie anwendet, dann habt ihr das Leben auf physischer Ebene gemeistert.

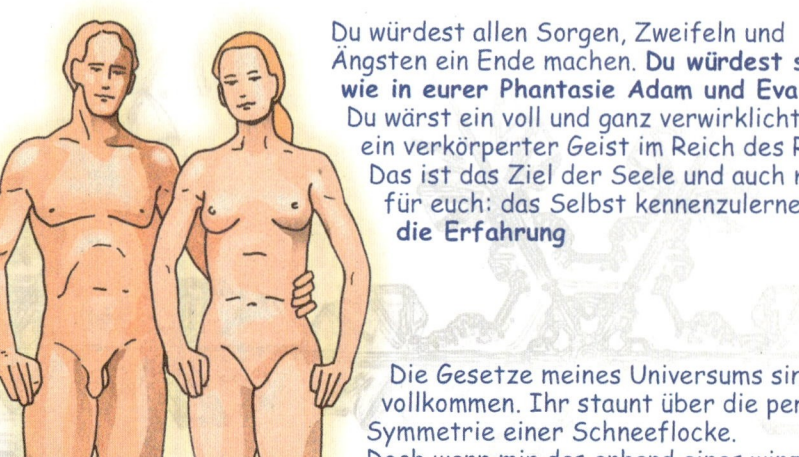

Dann geriete ich also, wenn ich diese Gesetze kennen und ihnen gehorchen würde, nie wieder in Schwierigkeiten?

Du würdest allen Sorgen, Zweifeln und Ängsten ein Ende machen. **Du würdest so leben wie in eurer Phantasie Adam und Eva.** Du wärst ein voll und ganz verwirklichtes Wesen, ein verkörperter Geist im Reich des Relativen. Das ist das Ziel der Seele und auch mein Plan für euch: das Selbst kennenzulernen über **die Erfahrung**

Die Gesetze meines Universums sind vollkommen. Ihr staunt über die perfekte Symmetrie einer Schneeflocke. Doch wenn mir das anhand eines winzigen Partikels möglich ist, was, denkst du, kann ich mit einem ganzen Universum tun?

Wie kann ich diese Gesetze erlernen?

Erinnere dich.

Wie kann ich mich an sie erinnern?

Lass die äußere Welt verstummen, damit dir die innere Welt **Einsicht** gewähren kann. **Wenn du nicht nach innen gehst, gehst du leer aus.** Du kannst alles sein, alles tun, alles haben. Der Glaube an Gott bewirkt den Glauben an Gottes größtes Geschenk: unbegrenztes Potential.

Entschuldige, wenn ich dich unterbreche: Aber was ist zum Beispiel mit dem Potential geistig oder körperlich Behinderter?

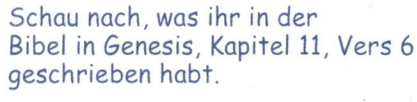

Schau nach, was ihr in der Bibel in Genesis, Kapitel 11, Vers 6 geschrieben habt.

"Er sprach: Seht nur, **ein Volk** sind sie, und **eine Sprache** haben sie alle. Und das ist erst der Anfang ihres Tuns. Jetzt wird ihnen nichts mehr unerreichbar sein, was sie sich auch vornehmen.

Aber die Schwachen, Gebrechlichen, Behinderten, die, die in ihren Möglichkeiten eingeschränkt sind...?

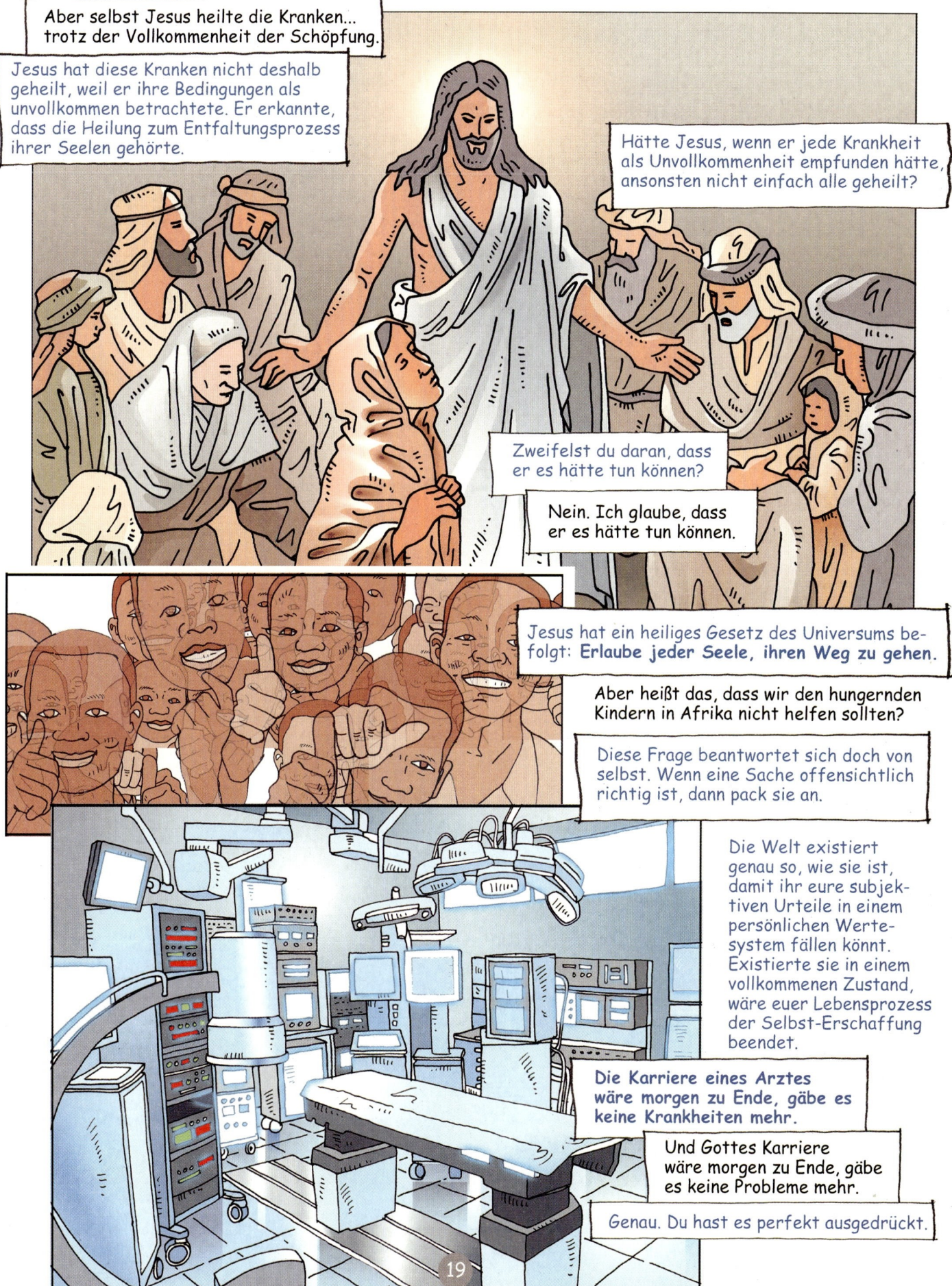

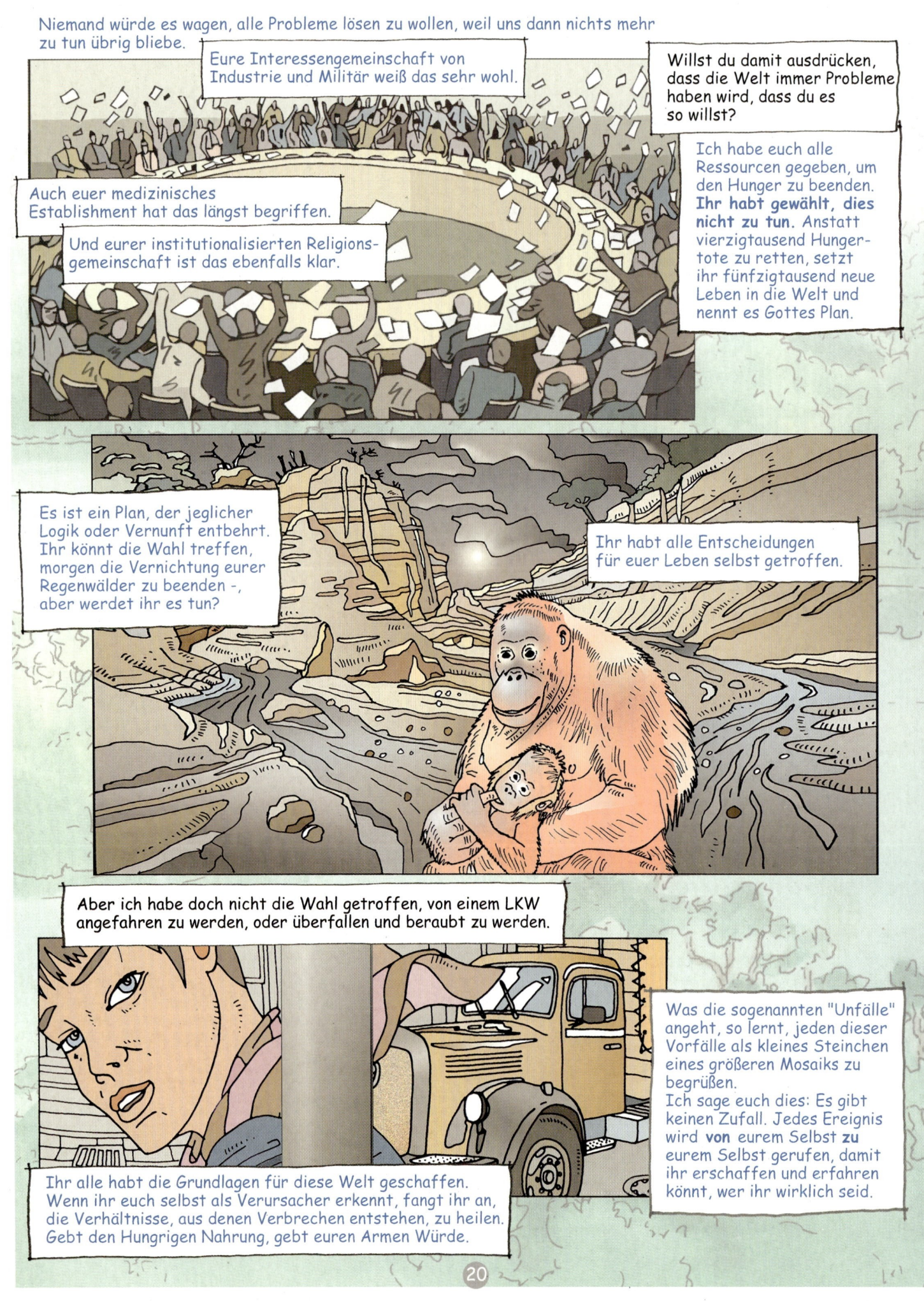

Alle wahren Meister haben dies begriffen. Sie wissen, dass die Kreuzigung Jesus nicht in Schrecken versetzte, sondern dass er sie erwartete. Er hätte jederzeit den Lauf der Dinge stoppen können, aber er verzichtete darauf. Jesus besiegte das Leid und den Tod. Und das könnt ihr ebenfalls.

Gott der Vater ist Gedanke. Euer Denken ist die Mutter, die alle Dinge gebiert.

Das ist eines der Gesetze, an die wir uns erinnern müssen?   Ja.   Kannst du mir noch andere nennen?

Das erste Gesetz lautet, dass ihr sein, tun und haben könnt, was immer ihr euch vorstellt. **Das zweite Gesetz lautet, dass ihr das anzieht, was ihr fürchtet.**

Warum ist das so?   Emotion ist die Kraft, die anzieht. Jedes Tier kann eure Angst spüren und jede Pflanze reagiert auf eure Liebe und Zuwendung.

Emotion ist Energie in Bewegung. Wenn ihr genügend Energie in Bewegung setzt, schafft ihr Materie. Materie ist zusammengeballte Energie. Jeder Meister versteht dieses Gesetz. **Es ist das Geheimnis des Lebens.**

Gedanken sind reine Energie.
Kein Gedanke, den ihr jemals hattet, stirbt. Er verläßt euer Wesen, nimmt Gestalt an, kreuzt und überschneidet sich mit anderen zu einem unglaublichen Labyrinth der Energie.

Gleichgeartete Energien ziehen sich an - bilden Energieansammlungen, um Materie entstehen zu lassen.

Diese Materie kann nur durch **ungleichartige Energieformen** zerrissen werden und setzt so die rohe Energie, aus der sie sich zusammensetzt, frei.
Das ist, elementar gesprochen, die Theorie, die hinter der Atombombe steht.
Niemand verstand das schöpferische Geheimnis des Universums besser als Einstein.

Du solltest nun besser verstehen, wie Menschen **gleichen Geistes** zur Schaffung einer bevorzugten Realität zusammenarbeiten können.
Auch beim gemeinsamen Gebet könnt ihr zu einer kollektiven wunderwirkenden Kraft finden.

Auch Einzelpersonen, wie Jesus, sind dazu fähig. Er wusste, wie man Energie und Materie kontrolliert. **Du kannst es wissen. Gleich jetzt.** Das ist das Wissen um Gut und Böse.

Bevor, in eurer Mythologie, Adam und Eva Wissen über Gut und Böse hatten, konnte es kein Leben geben, wie ihr es kennt. Nur dadurch, dass die beiden die falsche Wahl trafen, schufen sie die Möglichkeit, überhaupt irgendeine Wahl treffen zu können.
In eurer Mythologie habt ihr Eva zur "Bösen" gemacht, was unter anderem auch eure Verwirrungen beim Thema Sexualität zur Folge hatte. Was ihr am meisten fürchtet, wird euch am meisten quälen. Doch was sagen alle euren heiligen Schriften:
Fürchte dich nicht.

Die Gesetze sind sehr einfach:
1. Der Gedanke ist schöpferisch.
2. Furcht zieht gleichgeartete Energie an.
3. Liebe ist alles, was es gibt.

**Liebe ist die höchste, letztendliche Energie.
Das Alles. Das Gefühl der Liebe ist eure Erfahrung von Gott.**
Die Meister, die die Erde betraten, wussten das. Selbst als sie getötet wurden, liebten sie ihre Feinde. Diese Lektion ist euch immer und überall äußerst klar dargelegt worden.
Nun kommt ihr zu diesem Buch und fragt Gott abermals, und ich werde es euch wieder sagen - hier - im Kontext dieses Buches.

Fragt... mich was auch immer. Aber haltet die Augen offen. Hört zu: dem nächsten Lied, dem nächsten Artikel, dem Flüstern des nächsten Ozeans, der nächsten Brise. All diese Wege stehen mir offen.
Ich werde euch dann zeigen, daß ich immer da war. **ÜBERALL.**

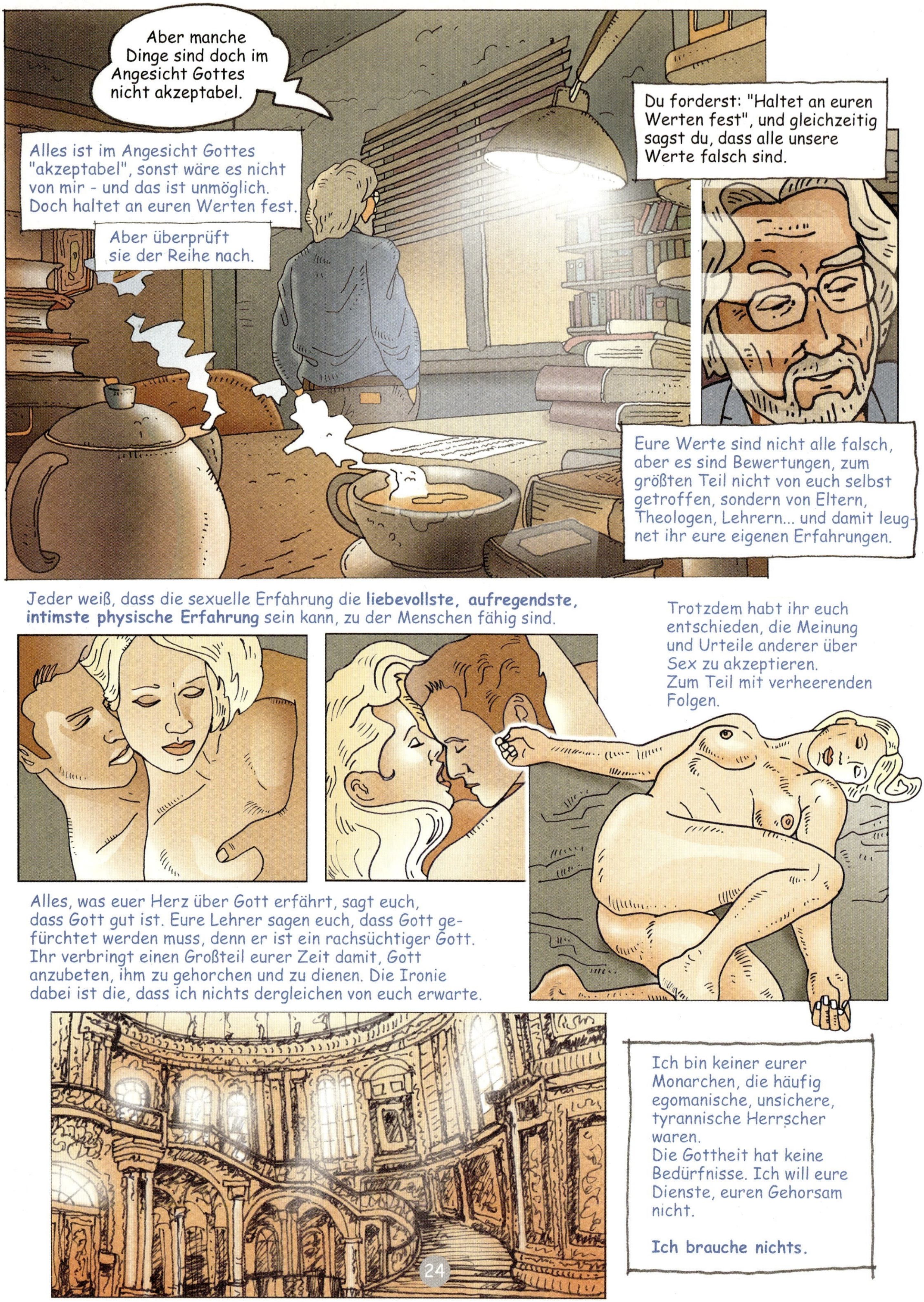

"Aber manche Dinge sind doch im Angesicht Gottes nicht akzeptabel."

Alles ist im Angesicht Gottes "akzeptabel", sonst wäre es nicht von mir – und das ist unmöglich. Doch haltet an euren Werten fest.

Aber überprüft sie der Reihe nach.

"Du forderst: 'Haltet an euren Werten fest', und gleichzeitig sagst du, dass alle unsere Werte falsch sind."

Eure Werte sind nicht alle falsch, aber es sind Bewertungen, zum größten Teil nicht von euch selbst getroffen, sondern von Eltern, Theologen, Lehrern... und damit leugnet ihr eure eigenen Erfahrungen.

Jeder weiß, dass die sexuelle Erfahrung die **liebevollste, aufregendste, intimste physische Erfahrung** sein kann, zu der Menschen fähig sind.

Trotzdem habt ihr euch entschieden, die Meinung und Urteile anderer über Sex zu akzeptieren. Zum Teil mit verheerenden Folgen.

Alles, was euer Herz über Gott erfährt, sagt euch, dass Gott gut ist. Eure Lehrer sagen euch, dass Gott gefürchtet werden muss, denn er ist ein rachsüchtiger Gott. Ihr verbringt einen Großteil eurer Zeit damit, Gott anzubeten, ihm zu gehorchen und zu dienen. Die Ironie dabei ist die, dass ich nichts dergleichen von euch erwarte.

Ich bin keiner eurer Monarchen, die häufig egomanische, unsichere, tyrannische Herrscher waren.
Die Gottheit hat keine Bedürfnisse. Ich will eure Dienste, euren Gehorsam nicht.

Ich brauche nichts.

Nun, ich habe eine Million Fragen.

Leg los. Liste die Fragen auf, die dir einfallen.

1. Wann wird mein Leben endlich abheben?
2. Wann werde ich genug über Beziehungen gelernt haben?
3. Warum habe ich niemals genügend Geld?
4. Wann erfahre ich Erfüllung und Anerkennung im Beruf?
5. Wie werde ich gesund?
6. Welche karmische Lektion soll ich hier lernen?
7. Gibt es die Reinkarnation?
8. Bin ich medial veranlagt?
9. Darf man Geld dafür nehmen, wenn man Gutes tut?
10. Was ist mit Sex?
11. Warum sind alle Dinge, die Spaß machen, "unmoralisch, illegal, oder dickmachend"?
12. Gibt es Leben auf anderen Planeten?
13. Wird es jemals ein Ende der Welt geben?

Gut. Nun kommen wir weiter. Ihr befindet euch in Partnerschaft mit Gott. Wir haben einen ewigen Bund geschlossen.

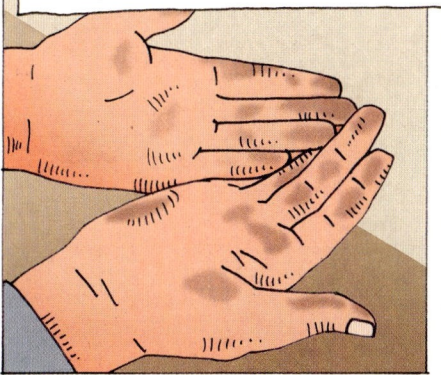

Ihr seid dreifaltige Wesen. Ihr besteht aus **Körper**, **Geist** und **Seele**. Diese drei Aspekte sind an sich drei Energieformen. **Gedanke**, **Wort**, **Handlung**. Zusammengenommen ergeben sie, wie ihr es nennt, **Gefühl** oder **Erfahrung**.

Eure Seele ist die **Gesamtsumme aller Gefühle**.

Der Schöpfungsprozess beginnt mit einem Gedanken. **Der Gedanke** ist die erste Ebene der Schöpfung. **Worte** sind die zweite Ebene der Schöpfung. Worte sind dynamischer, wenn du so willst, schöpferischer, als der Gedanke. **Handlung** ist die dritte Ebene der Schöpfung. Handlungen sind in Bewegung befindliche Worte. **Der Anfang ist Gott. Das Ende ist Handlung.**

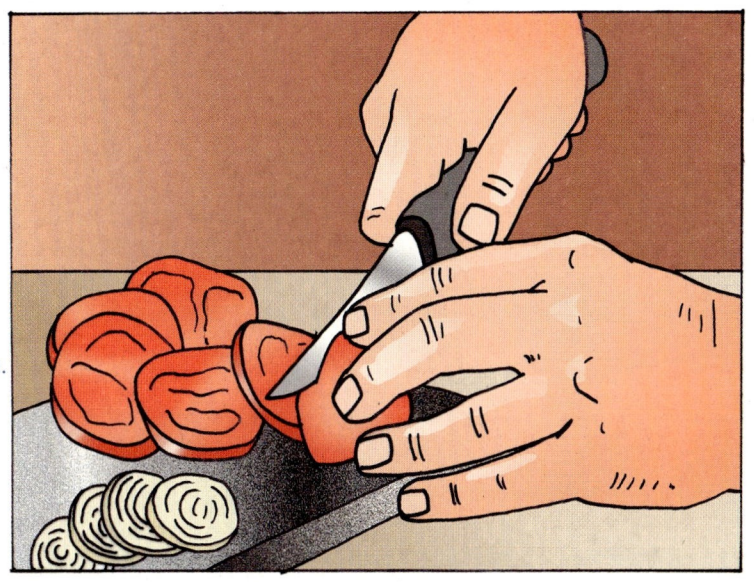

Als Zweites müßt ihr wissen, dass nichts bleibt, wie es ist. Wie sich etwas verändert, hängt von euch ab.

Dieser Mensch hat tatsächlich sechs Wochen lang "Berge versetzt". Doch irgendwann sagte er sich: "Ich bin jetzt bereit, mich auf ein anderes Abenteuer einzulassen." Doch ihr als Angehörige oder Freunde wollt diese Entscheidung nicht akzeptieren. Für die Seele ist der Tod keine Niederlage, keine Katastrophe.

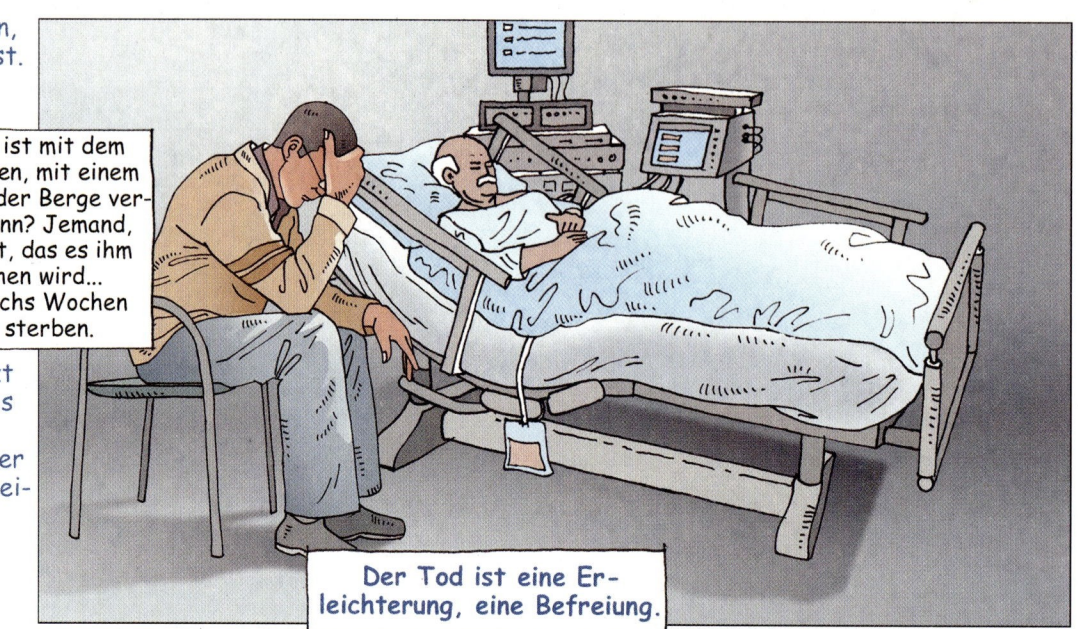

Aber was ist mit dem Todkranken, mit einem Glauben, der Berge versetzen kann? Jemand, der glaubt, das es ihm bessergehen wird... nur um sechs Wochen später zu sterben.

Der Tod ist eine Erleichterung, eine Befreiung.

Im Falle eines Menschen, der darum betet, weiterleben zu dürfen, passiert es sehr oft, dass er auf der Seelenebene "seine Meinung ändert". Euer ganzes Leben denkt ihr, dass ihr euer Körper, euer Geist seid. Aber letztendlich bestimmt eure Seele, wann sie den Körper verlassen will. Das geschieht, wenn sie sich in diesem Körper nicht mehr **weiterentwickeln** kann.

Eure Angst vor dem Tod entsteht, weil ihr nicht auf eure Seele hört.

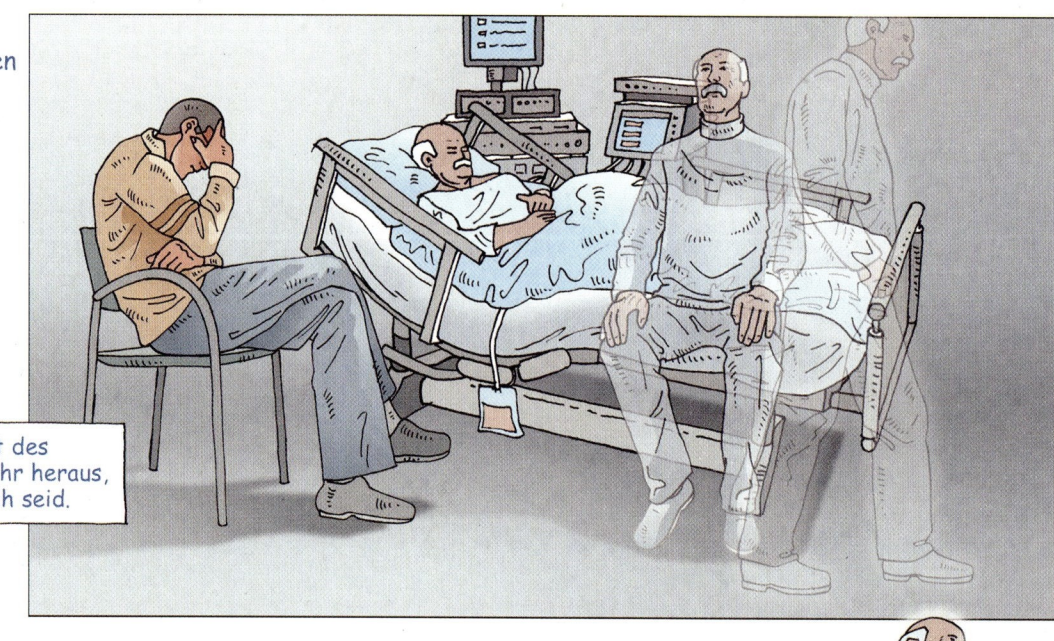

Zum Zeitpunkt des Todes findet ihr heraus, wer ihr wirklich seid.

Wie kann ich am besten auf meine Seele hören? Wie kann ich, wenn die Seele die Chefin ist, sichergehen, dass ich Anweisungen aus der Chefetage erhalte?

Bringt in Erfahrung, wonach eure Seele verlangt, und haltet euch daran. Die Seele verlangt nach dem tiefsten Gefühl der Liebe. Sie strebt nicht nach Wissen, sondern nach Gefühl.
Die Seele will sich selbst fühlen und sich so in ihrer eigenen Erfahrung kennenlernen, erkennen.

Die Seele sehnt sich nach dem Gefühl vollkommener Liebe.

Ebenso ist die Liebe nicht das Fehlen von Emotionen wie Hass, Wut und Gier... sondern ihre Gesamtsumme. Und all diese menschlichen Gefühle **muss die Seele auf ihrer großartigen Reise durchleben,** um die vollkommene Liebe zu erfahren.

Es müssen Gut und Böse, Kälte und Hitze existieren, damit eure Seele eine Wahl treffen kann. **Damit sie sich in ihrer ganzen Macht und Herrlichkeit selbst erfahren kann.**

Eure Seele hilft euch, das richtige auszuwählen, ohne das zu verdammen, was ihr nicht auswählt. **Das ist ihre große Aufgabe, die viele Leben in Anspruch nimmt.** Denn wenn ihr das ablehnt, was ihr nicht auswählt (eine Idee, einen Gedanken, eine Religion), schafft ihr nur ein halbes Universum.

Die vollkommene Liebe ist für das Gefühl das, was Weiß für die Farbe ist. Denn Weiß ist nicht die Abwesenheit von Farbe, sondern die Summe aller Farben.

Ich danke dir. Niemand hat mir bisher die Dinge in dieser Einfachheit vor Augen geführt. Allerdings begreife ich nicht, wie wir das "Unrechte" lieben sollen, sozusagen den Teufel umarmen sollen.

Wie sonst kannst du das Böse heilen? Heilung ist der Prozess, bei dem ihr **alles akzeptiert** und dann das **Beste wählt**.
Sonst könnt ihr nicht wählen, Gott zu sein.

Was? Die Wahl, **Gott zu sein?**

Das höchste Gefühl ist vollkommene Liebe, nicht wahr? Kannst du eine bessere Beschreibung Gottes finden?

Nein, kann ich nicht.

Und dieses Gefühl zu erfahren, dieses Gefühl zu sein, strebt eure Seele an. Euer Bemühen ist, Gott zu sein. Worauf solltet ihr sonst aus sein.

Hm, ist das nicht irgendwie Blasphemie?

Aber wenn ihr bestrebt seid, dem Teufel zu gleichen, ist daran nichts blasphemisch.

Wer ist bestrebt, dem Teufel zu gleichen?

Ihr seid es. Ihr habt sogar Religionen erschaffen, die euch lehren, dass ihr sündig auf die Welt kommt.
Doch wenn ich euch sage, dass ihr aus Gott geboren seid, **bei der Geburt reine Liebe seid**, weist ihr mich zurück.
Ihr seid die tiefste Weisheit und höchste Wahrheit, der höchste Friede und die großartigste Liebe.

Trefft nun die Wahl, euch immer so und nicht anders zu erkennen.

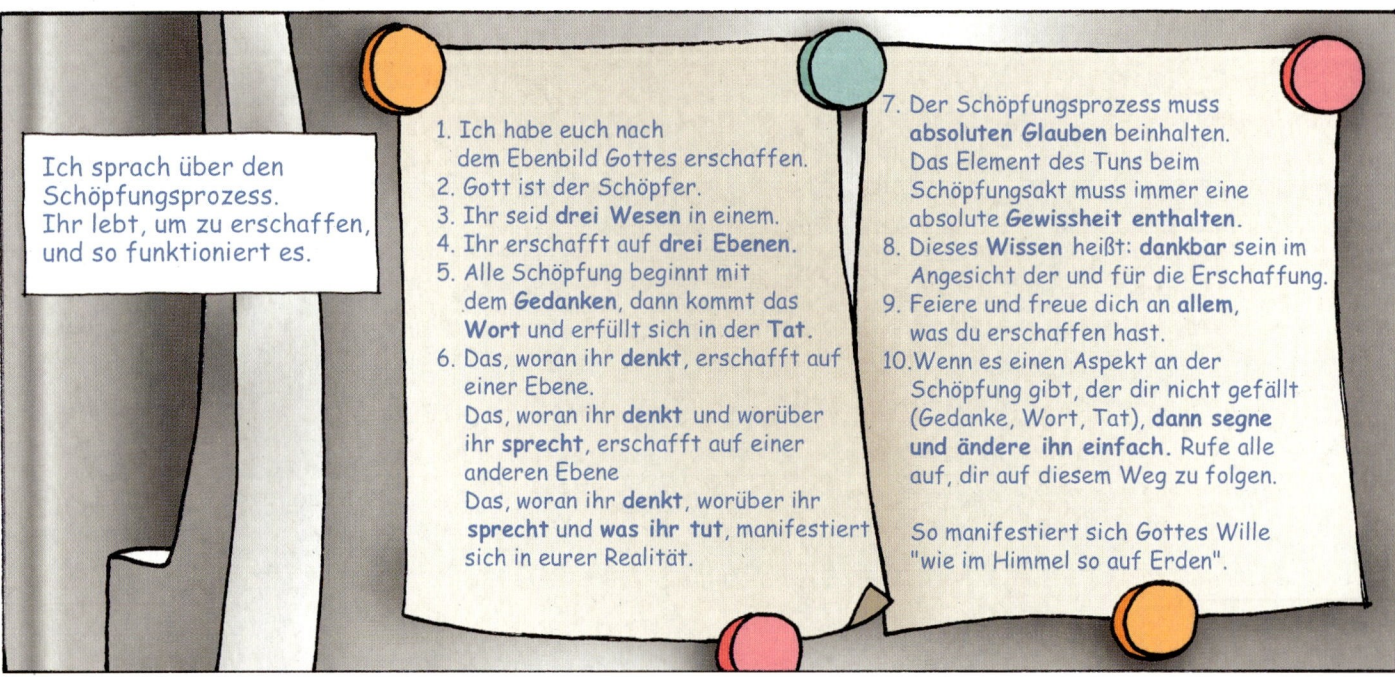

Leidenschaft ist die Liebe, das Sein in Handlung zu verwandeln.

Könntest du das näher erklären?

Zu erfahren, was wir sind, verlangt einen anderen Aspekt der Göttlichkeit, genannt das Tun.

Es besteht ein großer Unterschied dazwischen, Liebe zu sein und eine Liebestat zu vollbringen.

Die Seele verlangt danach, etwas zu tun, um sich selbst zu erfahren. Sie ist bestrebt, ihre höchste gedankliche Vorstellung durch die Handlung zu verwirklichen.

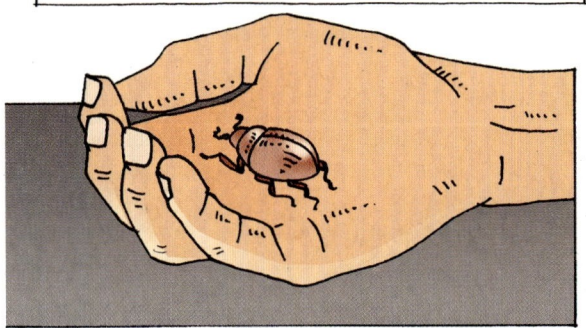

Wenn ihr diese Leidenschaft zum Tun tötet, tötet ihr Gott in euch. Aber verwechselt nicht Leidenschaft mit Erwartung (Ich liebe dich...du mich auch?), denn das trennt euch von Gott. Der Entsagende strebt danach, dieser Trennung durch eine Erfahrung ein Ende zu setzen, mit Gott eins zu werden, zu verschmelzen.

Ein Meister weiß intuitiv: **Leidenschaft ist der Weg**, der Weg zur Selbst-Verwirklichung.

Ist denn der Weg der Entsagung ein unrichtiger Weg?

Die Warheit ist, dass es nichts gibt, dem du entsagen kannst - weil das, dem du dich widersetzt, bestehen bleibt. Durch deinen Widerstand festigst du es nur noch mehr in deiner irdischen Realität.
Widersetze dich nicht der Versuchung, sondern wende dich einfach ab. **Wende dich mir zu.**

Doch ihr könnt den Weg zu mir nicht verfehlen. Die Frage ist lediglich, **wann ihr dort ankommt.**

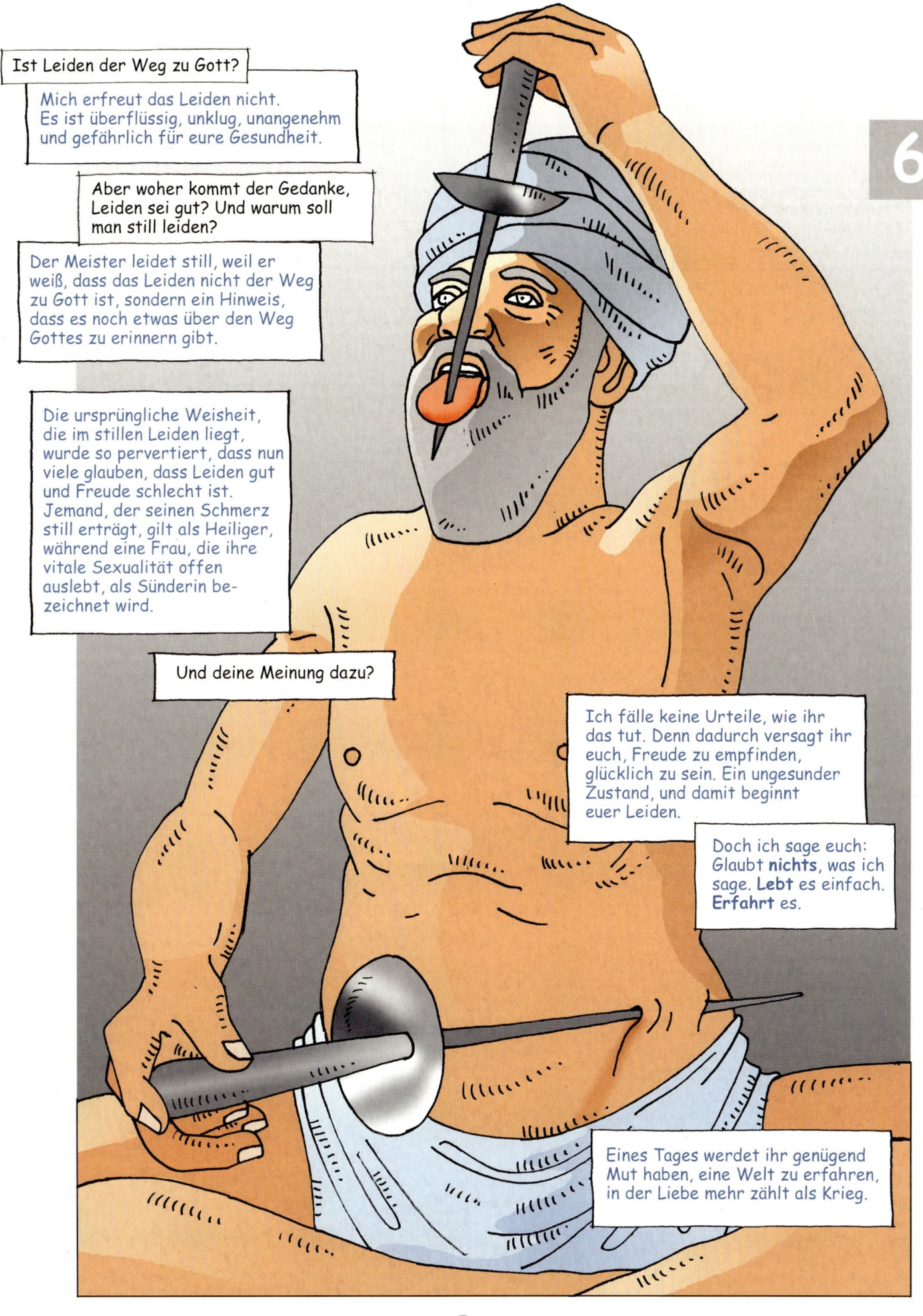

Du siehst dich einen Schritt vom Armenhaus, vom Nichts entfernt. Ich sehe dich einen Schritt vom Haus des Reichtums, vom Nirvana entfernt.

Mein Lohn für dich, wenn du "für mich arbeitest," ist nicht nur spiritueller Trost, sondern auch physischer Komfort.

Doch dieses Gefühl der materiellen Sicherheit wirst du für dich und deine Angehörigen dann nicht mehr benötigen, wenn du dich erst einmal auf eine Ebene des Gottesbewusstseins erhoben hast.

Und ebenso, wie es deine Aufgabe ist, deine Eltern, Kinder, deine Gefährtin unabhängig von dir zu machen, ist Gottes größter Moment der, in dem ihr erkennt, dass ihr keinen Gott mehr braucht.

Denn beides ist das Ziel und die Herrlichkeit Gottes: dass er keine "gehorsamen Diener" mehr hat und dass alle Gott nicht als das **Unerreichbare**, sondern als das **Unausweichliche** erkennen.

Für den Asketen ist es eine einfache Aufgabe, das Göttliche zu schauen. Für ein Familienoberhaupt dagegen bedeutet es eine große Herausforderung.

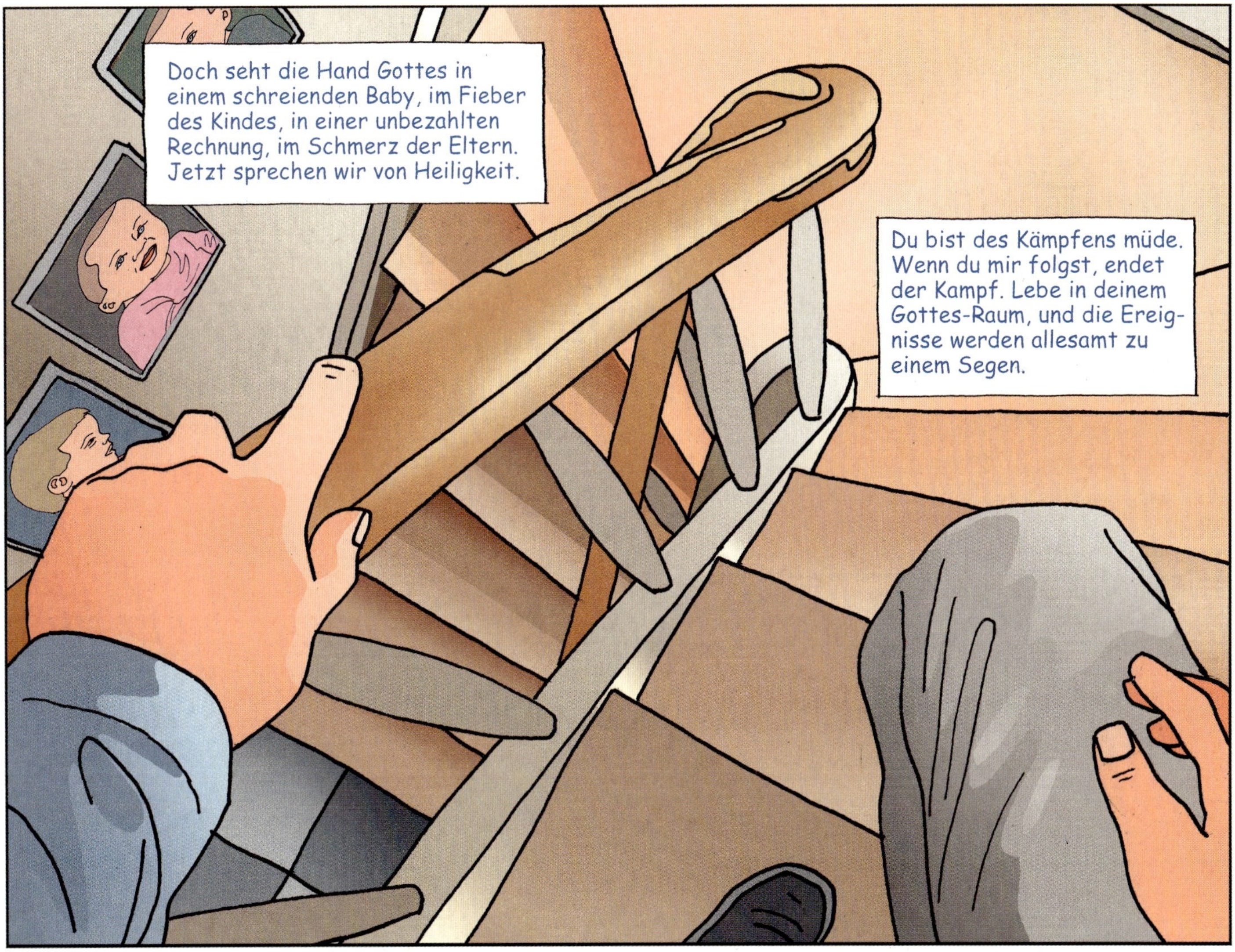

Doch seht die Hand Gottes in einem schreienden Baby, im Fieber des Kindes, in einer unbezahlten Rechnung, im Schmerz der Eltern. Jetzt sprechen wir von Heiligkeit.

Du bist des Kämpfens müde. Wenn du mir folgst, endet der Kampf. Lebe in deinem Gottes-Raum, und die Ereignisse werden allesamt zu einem Segen.

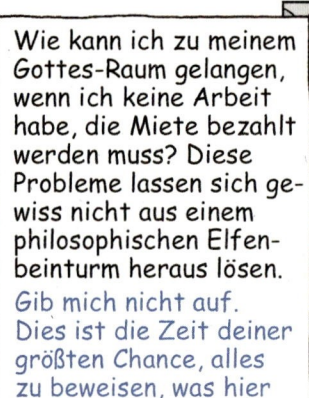
Wie kann ich zu meinem Gottes-Raum gelangen, wenn ich keine Arbeit habe, die Miete bezahlt werden muss? Diese Probleme lassen sich gewiss nicht aus einem philosophischen Elfenbeinturm heraus lösen.
Gib mich nicht auf. Dies ist die Zeit deiner größten Chance, alles zu beweisen, was hier geschrieben steht.

Also begib dich in deinen Gottes-Raum und du wirst inneren Frieden finden, denn einem friedlichen Geist entströmen großartige Ideen.

Ideen zur Lösung all deiner Probleme. Oder glaubst du, es würde nicht nur deine Möglichkeiten, sondern auch meine Fähigkeiten übersteigen, dein "Problem Arbeitslosigkeit" zu lösen?

Nicht, dass du es tun **kannst**, sondern dass du es tun **willst**, bezweifele ich.
Du zweifelst nicht an meiner Fähigkeit, sondern an meinem guten Willen.
Meine Sorge ist, dass du mich bei diesem Problem hängen lassen wirst.

Dies ist keine Frage **meines** Willens, sondern eine Frage **deines** Willens. Es gibt nichts, was du nicht haben kannst, wenn du dich dazu entscheidest. Glaubst du das?
Nein, tut mir leid. Ich habe schon so oft vergeblich gebetet.

Es muss dir nicht leid tun.
Bleib ruhig bei **deiner** Wahrheit.
Tatsächlich bekomme ich selten das, was ich mir erbitte.
Jetzt siehst du dich als Opfer des Umstands, dass du deine Arbeit verloren hast.

Doch die Wahrheit ist, dass du diese Arbeit nicht länger gewählt hast. Du hast dich mit deiner Arbeit nicht mehr glücklich gefühlt und dir im Geiste ausgemalt, etwas anders zu tun.

Du hast recht. Ich schäme mich und bin zutiefst zerknirscht.
Hilft dir das irgendwie? Erkenne die Wahrheit einfach an und gehe auf sie zu.

Um in einer Beziehung glücklich zu sein, müsst ihr sie für ihren **eigentlichen Zweck** nutzen, nicht für jenen, den **ihr geplant** habt. Wenn solche romantischen Beziehungen scheitern, dann deshalb, weil sie unter falschen Voraussetzungen eingegangen wurden.

Wann werde ich genug über Beziehungen gelernt haben, um darin glücklich sein?

Ihr sagt, dass ihr ohne diesen Menschen **"nichts"** wäret. Doch das stimmt nicht. Und nun bemüht sich dieser Mensch vergeblich, das Bild, das ihr von ihm erschaffen habt, auszufüllen.

Da er dabei immer unglücklicher wird, versucht er in seiner Frustration und um die Beziehung zu retten, wieder sein wahres Selbst zu erfahren.

Ihr sagt, dieser besondere Mensch mache euch erst vollständig. Doch der Sinn einer Beziehung besteht darin, dass ihr mit dieser anderen Person eure Vollständigkeit teilen könnt.

In eurer Jugend beginnt ihr eure Beziehungen mit großer Euphorie. Doch nach und nach wird die schal, und ihr richtet euch in enttäuschten Hoffnungen und niedrigsten Erwartungen ein.

Und das ist euer Problem: Euer größter Traum hatte mit der geliebten **anderen** Person zu tun, statt mit eurem geliebten **Selbst**.

Die höchste Form der Beziehung drückt zunächst die Liebe und Sorge für dein **Selbst** aus und erst an zweiter Stelle die Liebe und Sorge für den anderen.

Die Person, die am meisten liebt, ist die, die selbst-zentriert ist.

Um sich von eurer Liebe zu überzeugen, verlangen sie Beweise. Sie erwarten von euch, dass ihr euer Verhalten verändert. Wenn sie euch dann schließlich glauben, sorgen sie sich gleich um die Dauer eurer Liebe und verändern daraufhin **ihr** Verhalten.

Das ist eine radikale Lehre.

Nicht, wenn du sie sorgsam anschaust. Du musst dein Selbst lieben können, um andere lieben zu können. Viele Menschen hassen sich, weil sie fälschlicherweise glauben, dass niemand sie liebt.

Dieser Verlust des Selbst verursacht die meiste Bitterkeit in solchen Paarbeziehungen.

Aber warum ist das so?

Weil ihr den eigentlichen Sinn und Zweck von Beziehungen vergessen habt. Eure Seele trat in den Körper ein, um sich zu entfalten, um sich weiter zu entwickeln und sich dessen bewusst zu werden, was ihr wirklich sein wollt.

Das ist mit Selbstbewusstsein gemeint. Eure persönlichen Beziehungen sind die wichtigsten Elemente in diesem Prozess. Meine Lehrer, von denen ihr nicht nur einen gekreuzigt habt, lehrten euch: "Ihr seid so heilig, wie ich es bin".

Und solange ihr diese Wahrheit nicht akzeptiert, ihr euch nicht wahrhaftig und rein in euer **Selbst** verliebt, könnt ihr euch auch nicht wahrhaftig und rein in einen anderen verlieben.
Konzentriert euch -jetzt und für immer- auf euer Selbst.

Sollen wir uns nicht darum kümmern, wie wir miteinander in einer Beziehung umgehen? Denn es kommt vor, dass ich mich durch Worte und Handlungen anderer verletzt fühle.

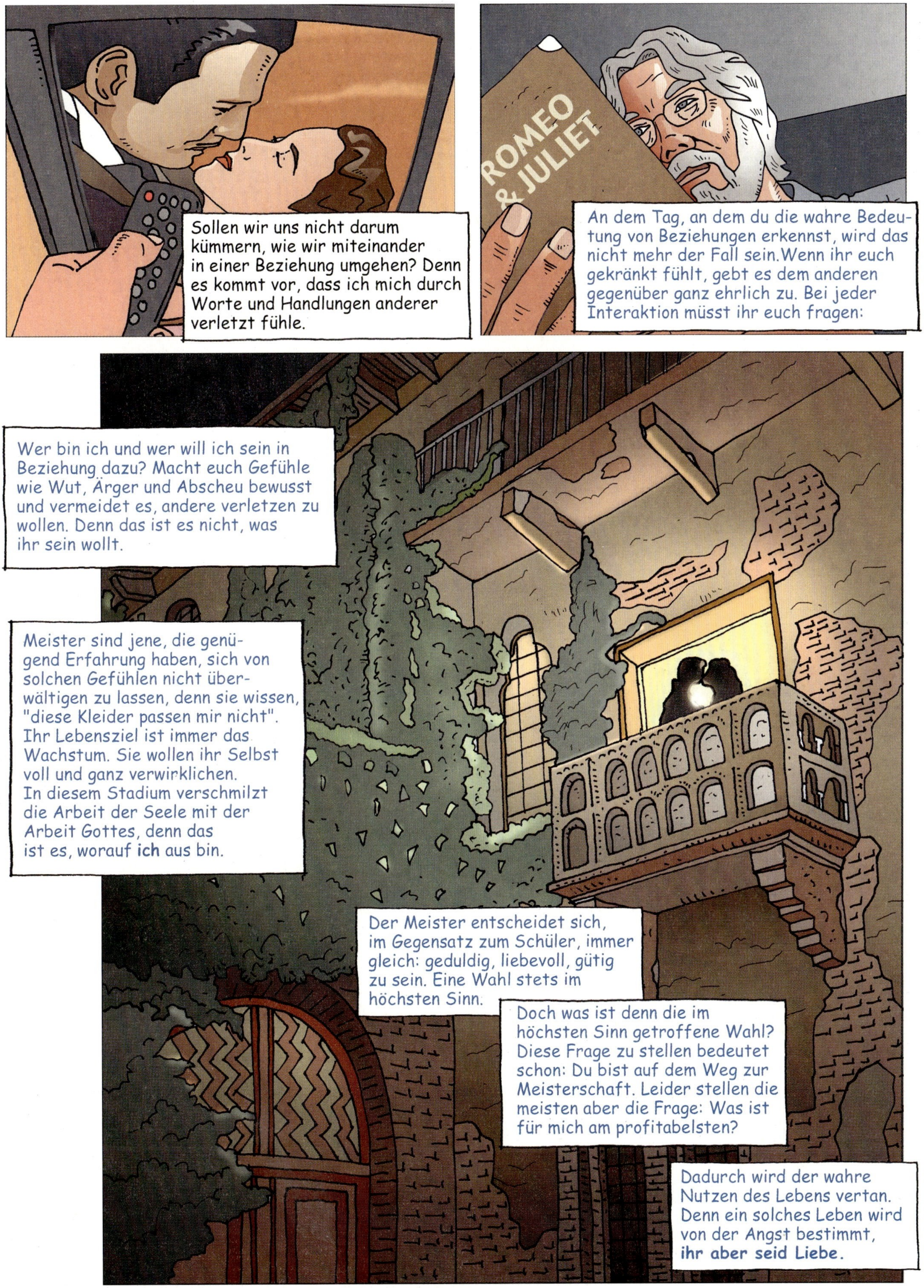

An dem Tag, an dem du die wahre Bedeutung von Beziehungen erkennst, wird das nicht mehr der Fall sein. Wenn ihr euch gekränkt fühlt, gebt es dem anderen gegenüber ganz ehrlich zu. Bei jeder Interaktion müsst ihr euch fragen:

Wer bin ich und wer will ich sein in Beziehung dazu? Macht euch Gefühle wie Wut, Ärger und Abscheu bewusst und vermeidet es, andere verletzen zu wollen. Denn das ist es nicht, was ihr sein wollt.

Meister sind jene, die genügend Erfahrung haben, sich von solchen Gefühlen nicht überwältigen zu lassen, denn sie wissen, "diese Kleider passen mir nicht". Ihr Lebensziel ist immer das Wachstum. Sie wollen ihr Selbst voll und ganz verwirklichen. In diesem Stadium verschmilzt die Arbeit der Seele mit der Arbeit Gottes, denn das ist es, worauf **ich** aus bin.

Der Meister entscheidet sich, im Gegensatz zum Schüler, immer gleich: geduldig, liebevoll, gütig zu sein. Eine Wahl stets im höchsten Sinn.

Doch was ist denn die im höchsten Sinn getroffene Wahl? Diese Frage zu stellen bedeutet schon: Du bist auf dem Weg zur Meisterschaft. Leider stellen die meisten aber die Frage: Was ist für mich am profitabelsten?

Dadurch wird der wahre Nutzen des Lebens vertan. Denn ein solches Leben wird von der Angst bestimmt, **ihr aber seid Liebe.**

In jeder menschlichen Beziehung stellt sich an der entscheidenden Kreuzung nur eine Frage: **Was würde die Liebe jetzt tun?**
Keine andere Frage hat Bedeutung, **ist wichtig für eure Seele.**

Dabei gibt es allerdings ein großes Missverständnis. Euch wurde gelehrt, Liebe sei, nur auf das Wohl des anderen zu achten.
Doch die im höchsten Sinn getroffene Wahl ist jene, die das höchste Wohl **für euch** bewirkt.

Und hier vollendet sich der Kreis, denn das höchste Wohl für euch selbst wird das höchste Wohl eines anderen. **Denn ihr und der andere seid eins, denn da ist nichts außer euch.**

Praktisch bedeutet das: Ihr müsst dem anderen nicht ständig alles verzeihen, weil euch das letztendlich ärgerlich und misstrauisch macht, sogar auch gegenüber Gott. Denn warum verlangt er diese Aufopferung im Namen der Liebe?

Doch das tut Gott nicht. Er bittet nur darum, daß ihr **euch selbst unter jene einreiht, die ihr liebt.**

Achtet dabei aber darauf, weder missbraucht zu werden noch einen anderen zu missbrauchen. Denn das wirkt zerstörerisch.
Das gilt für Eltern und Kinder, für die Beziehung zwischen Erwachsenen ebenso für die Beziehung ganzer Nationen.

Duldet keinen Despotismus, das verlangt die Liebe zum Selbst **und die Liebe zum Despoten.**

Das heißt nicht, Gleiches mit Gleichem zu vergelten. Es bedeutet ganz einfach, dass es nicht die liebevollste aller Taten ist, wenn ihr zulasst, dass der andere euch ständig Schaden zufügt.

Eine Beziehung soll euch ein Erfahrungsfeld liefern, innerhalb dessen ihr euch selbst findet, die Wahl trefft, wer ihr seid.
Die Wahl, gottgleich zu sein, bedeutet dabei nicht, Märtyrer oder Opfer zu sein.

Nein. Ihr macht euch lustig über mich.
Ihr sagt, ich, Gott, hätte unvollkommene Geschöpfe erschaffen, um sie dann dafür zu verdammen, dass sie nicht vollkommen sind.
Ihr sagt, dass mein Sohn euch von eurer Unvollkommenheit erlöste, der Unvollkommenheit, die ich euch gab.

Also erlöste der Sohn euch von dem, was sein Vater anrichtete. **Wer macht sich also über wen lustig?**
Damit greifst du das fundamentalistische Christentum an
Darum geht es nicht, sondern um die Natur Gottes und seine Beziehung zum Menschen.

Du nennst ein Leben der vollständigen Freiheit "spirituelle Anarchie". Ich nenne es Gottes großartiges Versprechen.
In einer Beziehung gibt es keine Verpflichtungen, nur Gelegenheiten, die Grundlage jeder Spiritualität.
Hier liegen viele Kirchen richtig. **Die Ehe ist ein Sakrament,** und zwar wegen der unvergleichlichen Gelegenheit, die sie bietet.

Die Gelegenheit, zu entscheiden und zu sein, wer ihr wirklich seid.

Wie kann ich es schaffen, an dieser einen großartigen Beziehung festzuhalten?

Deine Aufgabe auf diesem Planeten besteht nicht darin, es möglichst lange in einer Beziehung auszuhalten.
Doch ich sage dir: Langfristige Beziehungen bieten bemerkenswerte Gelegenheiten für gemeinsames Wachstum, gemeinsame Erfüllung.

Ich weiß. Ich weiß. Aber wie gelange ich dahin?

Gehe eine Beziehung aus den richtigen Gründen ein. Nicht um eine Lücke zu füllen, um der Einsamkeit zu entfliehen oder um geliebt zu werden. Und gewiss nicht, um dein Ego zu besänftigen, dein Sexualleben zu verbessern oder um dich einfach nur von deiner Langeweile zu befreien.

So funktionieren Beziehungen nicht.

Erschafft eine höhere Vision eures Selbst. Du sollst diese ewige Wahrheit weitertragen.
Du bist mein Bote.

Du hast dein Ego stets fallengelassen, wenn es um mich ging. Du wolltest meine Wahrheit nicht aus einem Bedürfnis nach Ruhm, sondern stets aus Liebe zu den Menschen weitergeben.

Das stimmt.

Bin ich das?
Ja. Glaubst du es?
Es befriedigt mein Ego, aber...

Die Welt wird viele Stimmen brauchen, welche die Worte der Wahrheit und Heilung verkünden. Deine auch!

Ein Bote Gottes braucht großen Mut, denn ihn erwarten Spott und Erniedrigungen. Bist du bereit dazu?
Hört sich ganz schön hart an. Du könntest es etwas lichter und heiterer formulieren.

He, ich bin ja durchaus für Erleuchtung. Beenden wir dieses Kapitel mit einem Witz.
Okay. Also ein kleines Mädchen malt ein Bild. Fragt die Mutter: "Was malst du denn da Schönes?"
"Den lieben Gott."
"Aber niemand weiß doch, wie der liebe Gott aussieht."
"Dann warte mal ab, bis ich fertig bin."

Hübscher Witz. Und das Schönste daran ist, dass das kleine Mädchen nicht den geringsten Zweifel hatte. Das erinnert mich an einen Mann, der Tag und Nacht damit verbrachte, ein Buch zu schreiben. Auf die Frage, was er da eigentlich mache, sagte er: "Ich schreibe ein Gespräch mit Gott nieder."
Darauf entgegnete der andere: "Aber niemand weiß, was Gott sagen würde."
"Na", sagte der Mann grinsend, "dann warte mal, bis ich damit fertig bin."

Also ist das Töten falsch?
Es gibt nichts "Falsches". Als "falsch" bezeichnet ihr nur das Gegenteil von "richtig".
Aber könnt ihr wissen, was richtig ist? Hier vertraut ihr nicht eurem eigenen Urteil, sondern dem Urteil anderer. Wenn du dir über das Töten Gedanken machst, wenn du auf dein Gefühl hörst, werden die Antworten für dich offensichtlich sein.

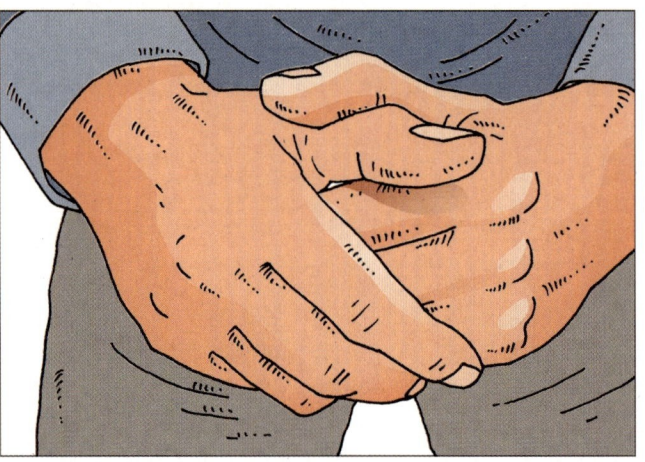

Das nennt man Handeln aufgrund der eigenen Autorität, Handeln auf eigenen Befehl.

Denkt nach, fällt eure eigenen Werturteile, entscheidet euch. Es bringt euch an den Ort der reinen Schöpfung. Diese Arbeit muss allein getan werden, ohne Belohnung oder Zustimmung, unbemerkt.
Demnach hast du eine berechtigte Frage gestellt. Warum überhaupt weitermachen, was ist der Grund für diese Reise?

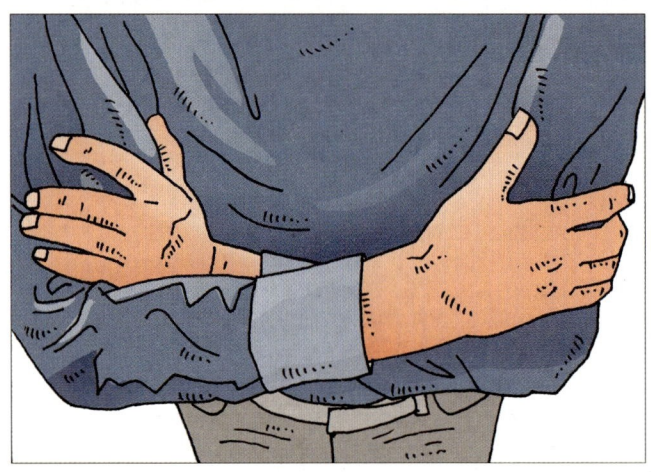

Der Grund ist lächerlich einfach:
Es gibt nichts anderes zu tun.

Was meinst du damit?
Ich meine damit, dass es tatsächlich nichts anderes gibt, was ihr tun könnt.
Die Frage stellt sich nicht: Warum sich auf diesen Weg begeben. Ihr seid schon auf diesem Weg.
Viele von euch kennen den Weg, den sie einschlagen müssen, um zu dem gelangen, was sie werden wollen. Ein großartiges Zeichen - ein sicherer Hinweis.

Worauf?
Darauf, dass euch nur noch sehr wenige Leben verbleiben.
Ist das gut?
Ja, und zwar deshalb, weil ihr sagt, dass es so ist. Ihr fragt das Universum nicht mehr nach der Wahrheit, sondern ihr verkündet dem Universum eure Wahrheit.

Ihr fürchtet mich nicht mehr, sondern jetzt liebt ihr mich als Gleichgestellten. Das sind äußerst gute Zeichen.
Bei Gott!... Du gibst mir ein gutes Gefühl.
Eure Freuden sind euch nun ohne Schmerz zugänglich, ihr lernt, ohne Schmerz zu lieben, loszulassen ohne Schmerz.

Und nennst du das nicht Wachstum?
Ich denke doch.
Also wachse weiter, mein Sohn.
Lass uns Gottes Arbeit tun, du und ich.

Ich liebe dich, weißt du das?

ICH WEISS. Und ich liebe dich.

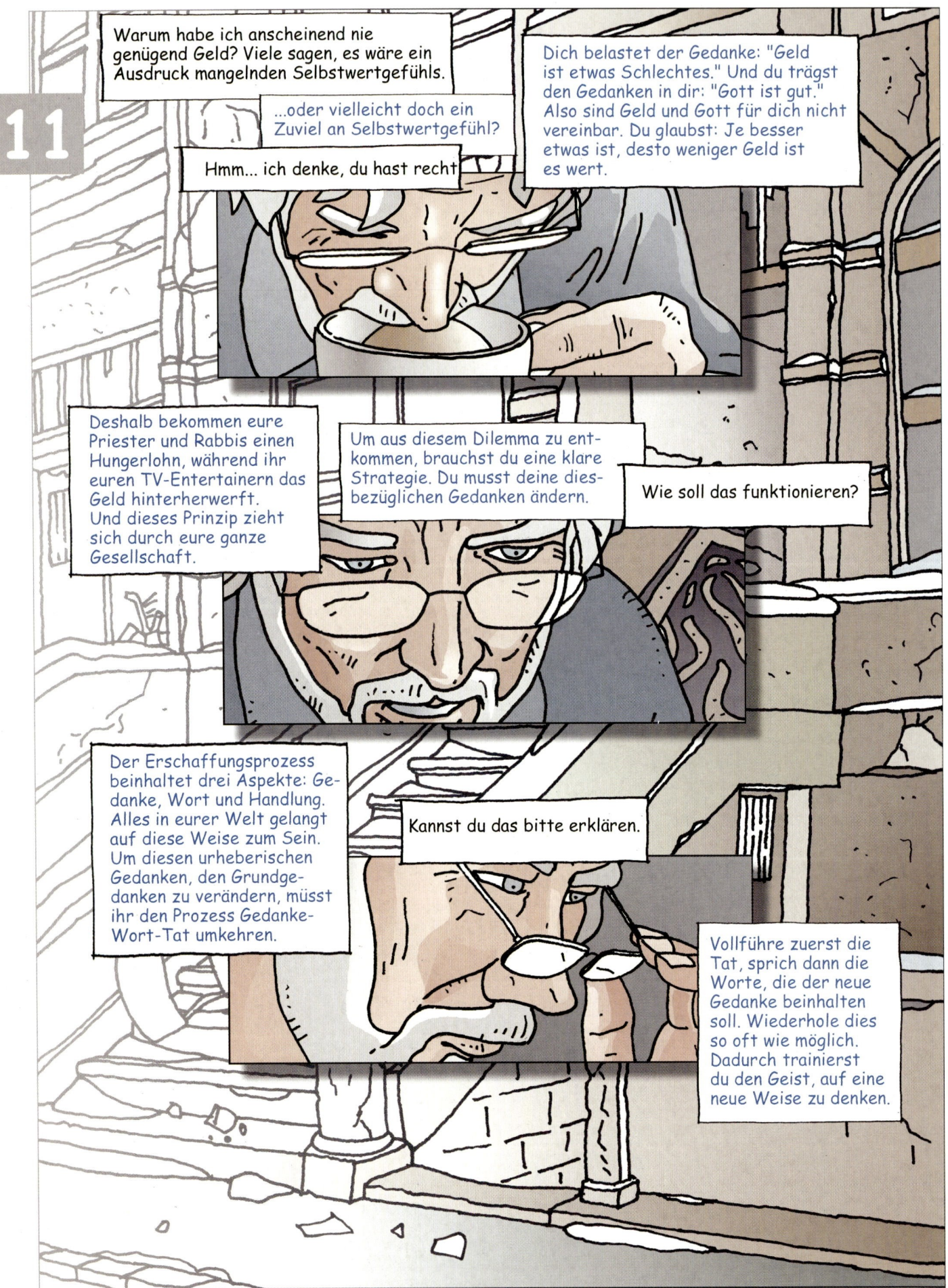

12

Warum kann ich nicht tun, was ich liebe, und damit auch noch genug Geld verdienen?

BRUDER, DU TRÄUMST.

WAS…?

Ich mache nur Witze. Menschen, die das erreichen, machen allerdings keine Kompromisse in ihrem Leben. Und sie müssen unterscheiden zwischen Sein und Tun.

Das Tun ist eine Funktion des Körpers, das Sein eine Funktion der Seele.

Was strebt die Seele an?

Mich. Deine Seele, das bin ich, und sie weiß es. Es gibt für sie nichts zu tun, außer zu sein.

Was sein?

Was immer du willst. Glücklich, traurig, männlich, weiblich…

Aber was hat das mit meinem Problem zu tun?

Zwei Menschen gehen der gleichen Tätigkeit nach. Der eine verdient viel, der andere wenig Geld, obwohl beide die gleichen Fähigkeiten besitzen. Woran liegt das?

Vielleicht an der Umgebung?

Das beantwortet meine Frage schon. Die Seele interessiert nur eines: Ist der Ort, von dem aus du handelst, ein Ort der Angst oder ein Ort der Liebe.

Der eine ist bei seiner Arbeit offen, freundlich, rücksichtsvoll…

der andere verschlossen, unfreundlich, rücksichtslos...

Stell dir vor, du würdest noch höhere Seinszustände wählen: Güte, Liebe, **Göttlichkeit.** Was wäre dann deine Erfahrung? Denn ihr seid nicht hier, um etwas mit eurem Körper, sondern um etwas mit eurer Seele herzustellen.

Aber wie können sich Körper oder Geist über die Seele hinwegsetzen?

Deine Seele wird deinem physischen Teil nie ihren Willen aufzwingen. Das liegt außerhalb ihres Wesens und ist somit unmöglich. Wenn Körper, Geist und Seele gemeinsam in Harmonie und Einheit erschaffen, wird GOTT Fleisch.

Du meinst, dass der selbstgewählte Seinszustand über meinen beruflichen Werdegang bestimmt?

Ich bekümmere mich nicht um deinen weltlichen Erfolg, das tust nur du. Die Ironie ist: Wenn weltlicher Besitz für dich keine Rolle mehr spielt, wird sich Reichtum, in jeder gewählten Form, von allein einstellen.

Wahre Meister haben die Wahl getroffen, ein Leben zu schaffen, nicht einen Lebensunterhalt.

Also kann ich alles haben, was ich will.
NEIN, aber ihr könnt alles erfahren, was ihr habt.

Wie lässt sich das vereinbaren mit "wie du denkst, wie du glaubst, so soll dir getan werden"?

Ich erklär's dir: **Gedanke, Wort, Tat** sind die drei Ebenen des Erschaffens. Manchmal hast du den Gedanken: "Ich will mehr Geld, ich will mehr Erfolg." Deshalb kannst du aber weder mehr Erfolg noch mehr Geld haben.
Warum nicht?

Nun, du sagst: "Ich will Erfolg."
Das Universum sagt: "In Ordnung, du willst ihn."
Ich + "will Geld": ergibt: Du willst Geld. Damit kannst du aber nur die Erfahrung des Wollens machen.
So funktioniert es?

In deinem Fall denke nicht: "Ich will Erfolg", sondern: "Ich habe Erfolg." Wenn dies nicht deiner Erfahrung entspricht, formuliere: "Ich bin ab sofort erfolgreich" oder "Alles trägt zu meinem Erfolg bei."

Diese Bejahungen funktionieren nur, wenn dir bewußt ist, dass die Resultate bereits existieren. "Ich danke dir, Gott, dass du mir Erfolg bringst." Jesus besaß diese Klarheit. Er war sich seiner Beziehung zu mir so sicher, dass er mir vor jedem Wunder für seine Vollbringung dankte. Dass dieses nicht eintreten könnte, kam ihm nie in den Sinn.

Ihr werdet in eurer Entwicklung zu dem Punkt kommen, an dem sich eure Seele bewusst wird, dass sie ein Wesen in einem Körper ist, kein Körperwesen. Das kann dazu führen, dass der Körper vernachlässigt wird, kaum mehr wahrgenommen wird. Doch ihr seid ein dreiteiliges Wesen, aus Körper, Verstand und reinem Geist, nicht nur während euren irdischen Daseins.

Was in eurem Leben nach dem Tod genau stattfindet, läßt sich mit euren Begriffen nicht erklären.
Aber ihr habt die Gelegenheit, euer gegenwärtiges Leben zu betrachten, ohne Schmerz, Furcht oder richtendes Urteil. Ihr entscheidet dann, wohin ihr von da aus gehen wollt. Einige von euch werden hierher zurückkehren, nur mit dem Ziel, andere aus dieser Dichte und Materie herauszuführen.

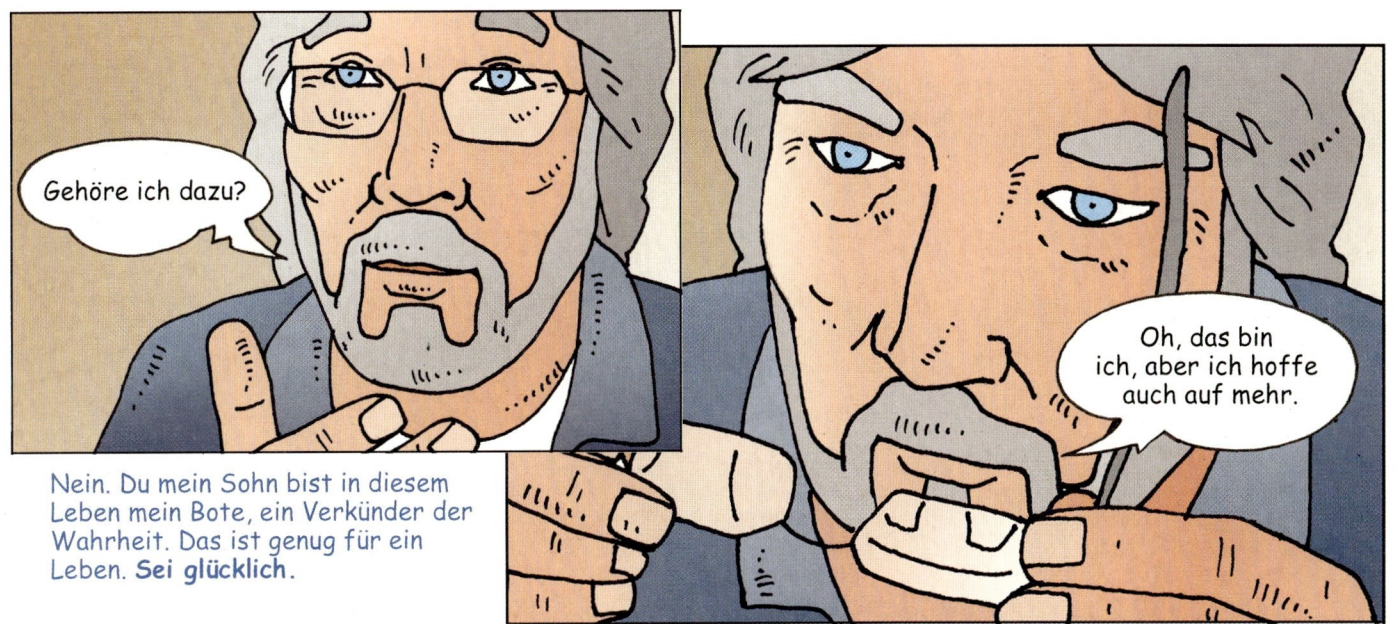
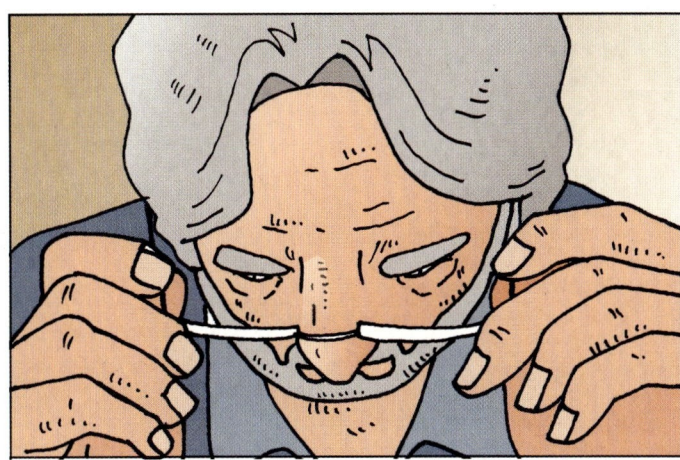
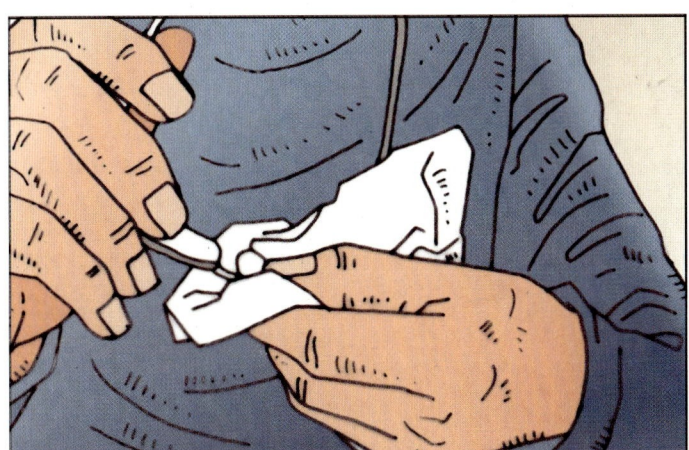

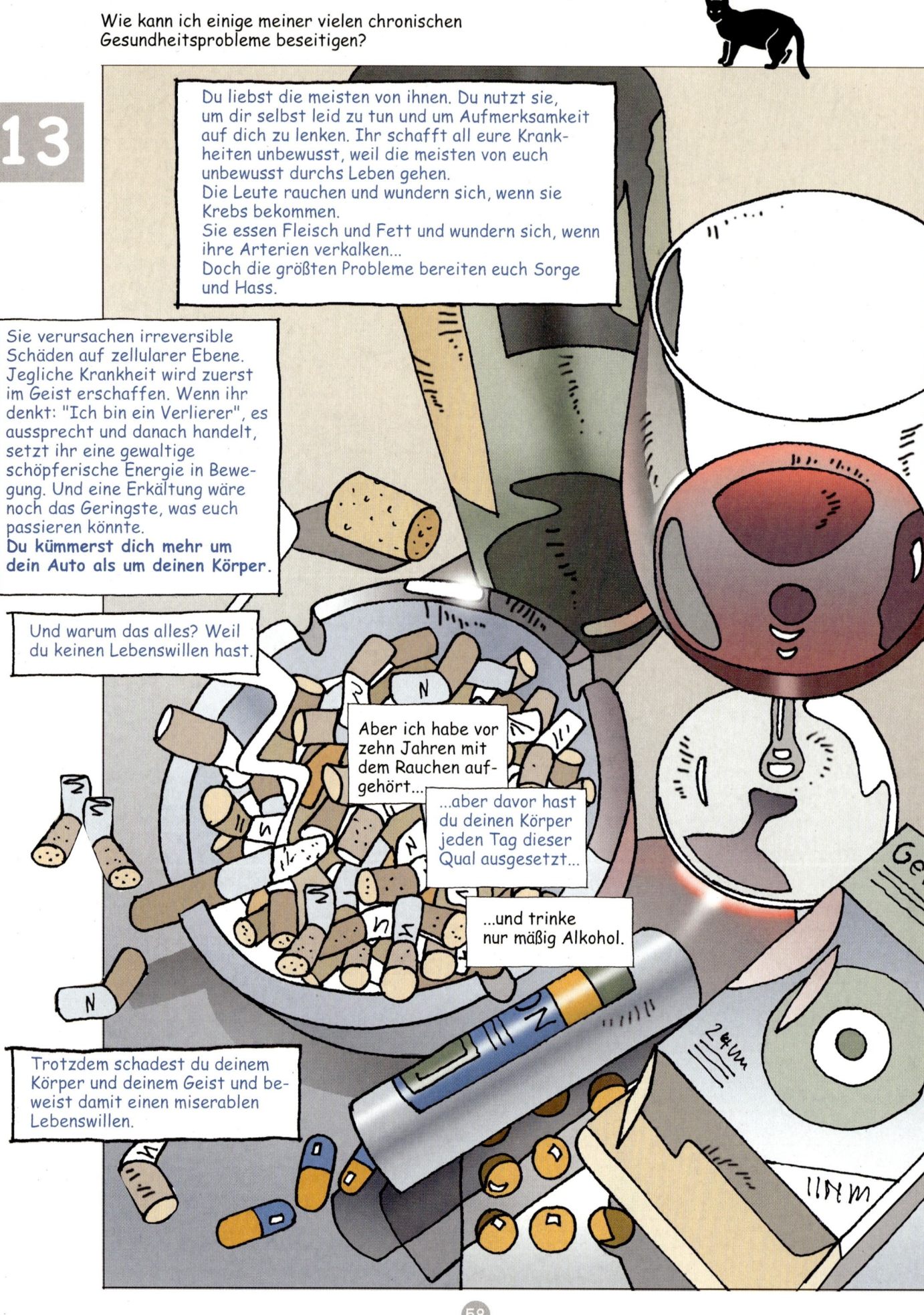

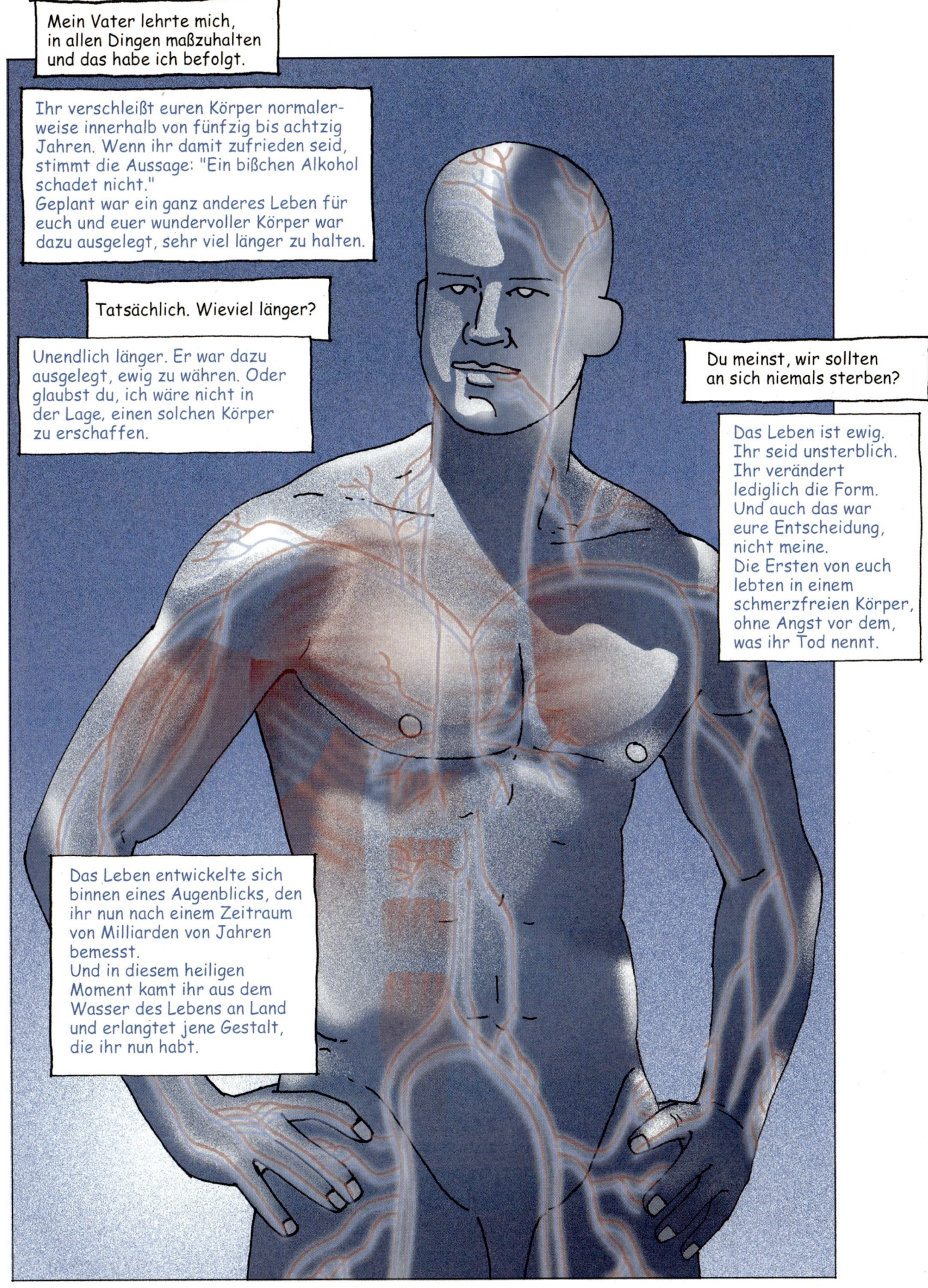

14

Ich habe dir erklärt, wie das Leben funktioniert, seinen Grund, Sinn und Zweck.
Was kann ich sonst noch für dich tun?

Ich bin erfüllt von Dankbarkeit für diesen unglaublichen Dialog. Die noch offenen Fragen auf unserer Liste kommen mir jetzt so unwichtig vor.

Lass sie uns rasch beantworten.

6. Welche karmische Lehre soll ich hier lernen?

   Es gibt nichts zu lernen. Du brauchst dich nur zu erinnern.

7. Gibt es die Reinkarnation?

   Natürlich gibt es sie. Du selbst hattest schon 647 vergangene Leben.

8. Gibt es so etwas wie "Medialität"?

   Ja, jeder ist medial, aber es gibt Menschen, die diesen sechsten Sinn nicht nutzen.

9. Ist es in Ordnung, Geld dafür zu nehmen, dass man Gutes tut?

   Das habe ich bereits beantwortet.

10. Hat mit dem Sex alles seine Richtigkeit?

    Natürlich. Spielt mit Sex. Aber missbraucht ihn nicht, um jemanden zu beherrschen.

11. Warum sind alle Dinge, die Spaß machen, "unmoralisch", "illegal", oder "dickmachend"?

    Die Mehrheit von euch betrachtet das Leben als eine Prüfung, als Leiden, als Probezeit. Ich aber sage euch, es besteht keine Notwendigkeit, euren Körper oder seine Funktionen zu verstecken oder die Liebe für ihn und füreinander.

12. Gibt es Leben auf anderen Planeten, wurden wir von Außerirdischen besucht, werden wir jetzt beobachtet?

    Ja.

13. Wird sich Utopia je auf diesem Planeten verwirklichen, wird sich Gott den Menschen je zeigen?

    Dieses Thema ist so komplex, lass uns zu einem anderen Zeitpunkt darauf zurückkommen.

War´s das? Ist das für den Moment alles?

Vermisst du mich schon?
Aber du und deine Leser brauchen eine kleine Pause. Fühlt euch nicht verlassen. Ich bin immer bei euch.

Die Bestseller-Trilogie »Gespräche mit Gott« erstmals als Gesamtausgabe!

960 Seiten, Halbleinen.
ISBN 978-3-442-33851-1

Dieser Prachtband enthält die vollständigen Texte der drei „Gespräche mit Gott"-Bücher. Er umfasst alle Probleme und Fragen des individuellen Schicksals, des Einzelnen zu seinen Mitmenschen, zur Umwelt und zum Planeten Erde und führt schließlich zur Erkenntnis universeller Weisheit.
Ein Highlight für alle Walsch-Liebhaber!

Überall, wo es Bücher gibt und unter www.arkana-verlag.de